Brotzeit im Biergarten . . .

oder Schweinsbraten mit Knödl sind nicht das einzige, was Bayerns Küche zu bieten hat. Die bayerische Lebensart spiegelt sich im Kulinarischen genauso wider wie in den Menschen selbst.
Die echten Schmankerl, zum Teil auch Unbekanntes, in diesem Buch werden Sie bestimmt neugierig machen, Bayern besser kennenzulernen – oder auch Spezialitäten wiederzufinden.
»An Guadn!«

Die Farbfotos gestalteten
Odette Teubner
und Dorothee Gödert.

INHALT

Schlaraffenland im Süden Deutschlands

Der Freistaat (Freistaat bedeutet ursprünglich nur »Republik«) Bayern ist das einzige Bundesland Deutschlands, dessen Staatsgebiet gleichzeitig weitgehend Stammesgebiet (von sieben alten Stämmen) ist. Vielleicht erklärt das manche Eigenheit der Bayern. Es ist das flächenmäßig größte Bundesland, dafür relativ dünn besiedelt. Seine Landschaft hat wahrlich alle Voraussetzungen, mit einem Schlaraffenland verglichen zu werden: Hochgebirge, Wälder, Seen, Flüsse, Mittelgebirge, Orte mit viel Kultur und gewachsener Geschichte. Die Landwirtschaft findet günstige Voraussetzungen, Optimales aus dem Boden hervorzubringen. Die reiche Ernte und der relative Reichtum der Bauern sind der Grundstock für eine bodenständige Küche, die von Traditionen und Einflüssen aus verschiedenen Epochen und Kulturkreisen geprägt wurde. Die sieben Regierungsbezirke Bayerns besitzen alle ihre regionalen (Koch-)Eigenheiten und können einen vielfältigen Speisenplan präsentieren:
So lieben die Schwaben ihre Spätzle über alles, die Ober-, Unter- und Mittelfranken ihre Würste, die Pfälzer kochen gerne mit Wein, die Niederbayern mögen's deftig-rustikal, und die Oberbayern? Sie werden sehen: Das Hauptaugenmerk in diesem Büchlein gilt der oberbayerischen Küche.

Manche mögen's deftig, vor allem zur Brotzeit

Und das gilt bereits für's Frühstück. Schon morgens lockt ein unwiderstehlicher Duft aus den Backstuben mit ihrem mannigfaltigen Angebot. Brezen, Stangerl, Krusterl, Remische, Brezenknöpfe, Bauernsemmeln, Zöpfe, Loiwen, Kipferln, Semmeln, viele Brotsorten . . . – für jeden Ge-

Bilderbuchlandschaften hat Bayern in großer Auswahl zu bieten. Wenn dann noch der Föhn dazu kommt, rücken Zugspitze und das Isartal bei Wolfratshausen hautnah zusammen.

schmack ist was dabei. Dazu allerlei Backwerk, serviert mit Marmeladen, Wurst und Käse – da kann keiner widerstehen.
Es wurde auch schon Weißbier zum Tagesanfang gesichtet . . . Das steht dann oft spätestens zur Brotzeit auf dem Tisch.
Was für die Österreicher die Jause und für die Schwaben die Vesper, ist für den Bayern die Brotzeit. Ein alter schwäbischer Gruß stellt sogar die bange Frage: »Host heit scho gveschbert?« (Hast du heute schon Brotzeit gemacht?). Die Oberbayern animieren dafür gleich mit einer musikalischen Aufforderung: »Mach' ma Brotzeit, Brotzeit ist die schönste Zeit . . .« Feste Zeiten für die Brotzeit gibt es nicht. Ursprünglich stellt sie zwar eine Zwischenmahlzeit dar, aber sie kann in punkto Üppigkeit ohne weiteres die Hauptmahlzeiten übertreffen.
Für die Brot-Zeit braucht man: Brot und Zeit! Was bedeutet, daß zum einen die Zutaten überwiegend kalt, eben mit Brot, gereicht werden und zum anderen, daß die Bayern beim Essen keine Hektik gebrauchen können. Eine klassische Brotzeit könnte so aussehen: Ein schattiger Platz unter einem Kastanienbaum, möglichst im Biergarten. Eine nette Bedienung, die sofort den Maßbierblick erkennt, und genüßliche, der Brotzeit entsprechende Ruhe rundherum. Nach dem ersten Schluck Bier, Radler (halb Bier und halb Zitronenlimo) oder einer Ruß'n Maß (halb Weißbier, halb Zitronenlimo) wird am Brotzeitstandl (Verkaufsstand) ausgewählt. Eine große Brez'n, einen Obazdn, ein Paar Handwürste, ein Stückerl Radi (Rettich) oder Radieserln, garniert mit einem Kartoffel- und Krautsalat. Oder einen warmen Leberkäse, aber bitte mit dem richtigen Senf! Davon schätzt man nämlich, je nach »Unterlage«, mehrere Sorten. Apropos Senf – bei einer morgendlichen Brotzeit sind traditionsgemäß Weißwürste mit süßem Senf angesagt, frisch vom Metzger aus dem Kessel. Eine alte Bauernregel besagt, daß die Weißwürste das Zwölf-Uhr-Läuten nicht hören dürfen. Wahrscheinlich stammt diese Überlieferung aus Zeiten, in denen der Kühlschrank noch fehlte, denn das Wurstbrät in den Naturdärmen ist sehr empfindlich und verlangte nach unverzüglichem Verzehr. Heute wird das in den meisten Wirtshäusern nicht mehr so eng gesehen. Die spätere Brotzeit könnte aus Steckerlfisch, Schweinswürstln mit Sauerkraut, Gschwollnen mit Soß' (Wollwürste mit Sauce) oder einer Tellersülzn bestehen. Oder einfach »ein bißerl gmischt« (von allem etwas).

Große und kleine Brez'n gehören überall dazu: Zum Volksfest, zu Jahrmärkten und Dulten oder auch »nur« zur Brotzeit.

Die Bayern verzehren nicht nur Schweinsbraten und Knödel, auch Gemüse, möglichst frisch vom Markt oder »Standl« schätzen sie. Ein Paradies, auch für die Augen, ist der Münchner Viktualienmarkt.

Schweinsbraten und Knödel

Die Bayern lieben es, wie gesagt, deftig. Ihr Speisezettel ist vielfältig, sehr nahrhaft und mit vielen Leckerbissen gespickt. Bei besonders köstlichen Gerichten wird von »Schmankerln« gesprochen, die, sparsam serviert, oft als »Magntratzerl« (Magentratzer) bezeichnet werden. Aber das kommt selten vor, daß in Bayern Kulinarisches »knickerd« (kleinlich und knickrig) kredenzt wird. Eher biegen sich, vor allem in Landgasthäusern, die Teller.
Der Schweinsbraten ist zweifelsohne ein bayerisches Leibgericht, ja man spricht sogar von einer Institution, die man sich nicht mehr wegdenken kann. Sehr wichtig ist vielen die kroß gebratene Schwarte. Dazu eine »gscheide Soß'«, die allerdings in der Konsistenz eher wäßrig ist und nicht gebunden sein darf. Als Beilage sowie zum »Aufwischen« der Sauce kommen die vielfältigsten Knödelversionen zum Zug. König ist hier der Semmelknödel, dicht gefolgt von Kartoffel-, Brezen- und Serviettenknödel.
Und genau beim Knödelessen werden die »Zuagroasten« (= Nicht-Bayern) erkannt, die meist die Knödel mit Messer und Gabel »vergewaltigen«. Ein Bayer reißt ihn locker mit der Gabel auseinander . . ., vorausgesetzt Koch oder Köchin haben nicht versagt. Dieses »Gesetz« ist übrigens keine Marotte, sondern hat seinen Sinn darin, daß durch Schneiden die Knödel glatte Flächen erhalten. Zerrissen wird die Oberfläche der Stücke gröber und kann dann die Sauce besser aufnehmen. Knödel werden allerdings nicht nur als Beilage gereicht, sondern auch als »Solisten« in der Suppe oder als süße »Zwergerl« in verschiedenen Formen zum Nachtisch. Knödelvarianten gibt es genug, nahe an die hundert; ein eigenes »Knödelbuch der Bayern« zu verfassen wäre kein Problem.

Die Fastenzeit: Gerstensaft und Dampfnudeln

Die Bayern, ein sehr traditionsbewußtes und von überlieferten Brauchtümern geprägtes Volk, haben von der Kirche sehr viel übernommen, auch im kulinarischen Bereich. Waren es doch Mönche, die während der Fastenzeit ein Starkbier brauten, das die Kraft verlieh, das christliche Fasten besser zu überstehen. Nach dem Motto: Flüssiges bricht Fasten nicht.
Bier spielt generell eine sehr große Rolle, man muß wissen, daß es für viele Bayern zu den Grundnahrungsmitteln gehört. Die Vielfalt der Biersorten ist gewaltig, die Anzahl der in Bayern beheimateten Brauereien ebenso. Ausgeschenkt wird es übrigens als Maß (1 Liter), Halbe und Quartl; seit einiger Zeit erhält man oft statt der Halben nur noch 0,4 l.
Natürlich genoß man in der Fastenzeit nicht nur Bier, sondern auch fleischlose Gerichte, zumeist Mehlspeisen. Die Klöster verstanden es vorzüglich, ihre Speisen mit vielen Kalorien und Nahrhaftem anzureichern. Viel Mehl, viel Milch, viel Butterschmalz . . . eben was »Gstandenes für die Mannsbilder«. Dazu viel Hefe, die beim Brauen auch benötigt wird. So entstanden Hefeteigvariationen, die sich groß »aufbauschen«, was heißen soll: was herzeigen und hergeben: Dampfnudeln, die »Großkopferten«, die aufgebläht aus dem Topf schauen, Rohrnudeln, knusprig und goldbraun aus dem Backofen, Kiacheln, schwimmend rausgebacken im

Auch Lichterglanz, Fahrgeschäfte, Mut zum Risiko in der Achterbahn und Freude am Alten, Einfachen wie beim Kettenkarussell gehören zum Gaudium auf den großen Volksfesten.

Butterschmalz, oder ein Gugelhupf, königlich gestürzt.
Die Bauern waren den Mönchen für die Rezeptvielfalt dankbar, denn dadurch war ihre Arbeitskraft während des Fastens, das jeden Freitag eingehalten wurde und in vielen Familien auch heute noch durch einen fleischlosen Tag eingehalten wird, nicht so geschwächt.

Vom Oktoberfest und dem Bierkonsum

Das größte Bierfest der Welt findet alljährlich im Herbst für vierzehn Tage in München statt. Anlaß dazu war die Hochzeit von Prinzessin Therese von Sachsen mit König Ludwig I. am 17. Oktober 1810. Heute ist es für die Touristen der Inbegriff der bayerischen Lebensart und Gemütlichkeit. Da kann's dann schon passieren, daß ein Fremder einen Bayern beim Beobachten eines zu hohen Bierkonsums fragt, was denn seine Leber zu dem vielen Bier sage? Und die spontane Antwort bekommt: »Die Leber hat bei uns in Bayern gar nix zum sagen, denn die kommt in die Knödel rein«. Aber ob es nur die Bayern sind, die jedes Jahr wieder für neue Umsatzrekorde der Brauereien sorgen . . .?

Eß-Lexikon

Nachfolgend noch ein sprachlicher Schnellkursus für die bayerische Küche:

Antn	Ente
Auszogne	Schmalzgebäck
Datschi	meist ist der Zwetschgendatschi gemeint
Erdäpfel	Kartoffeln
Greichats	Geräuchertes
Haferl	kleiner Topf, Tasse
Karotte	Möhre
Kracherl	Limonade
Kraut	Kohl (Weiß- und Rotkohl)
Kren	Meerrettich
lätschad	verwelkt, ohne Saft (auch übertragen)
ozapft is	das Faß (Bier) ist angezapft
Radi	Rettich
Rahm	Sahne (analog: Sauerrahm)
Rapunzel	Feldsalat
Reherl	Pfifferlinge
resch	knusprig
Schmarrn	zerrissener Eierpfannkuchen
Schwammerl	Pilze
Semmel	Brötchen
Topfen	Quark
Wammerl	Schweinebauch
zaach	zäh
Zipfl, Zipfn	besondere Würste; auch für Gebratenes in Wurstform

Der Maibaum sieht regional verschieden aus. In Oberbayern trägt er meist Symbole für die Berufsgruppen, die im Ort vertreten sind.

Von der Kirchweih, vom Leonhardiritt und vom Perchtenlauf

In Bayern versuchte man schon immer, das Angenehme mit dem Nützlichen zu verbinden. Oder besser gesagt, wenn Feste anstehen, dann sollten sie der Seele und dem Magen guttun.
Fast jedes Dorf, ja oft auch mancher Weiler, hat sein eigenes Fest. Manch einer mag da ins Schleudern kommen, wenn er alle Volksfeste und Dulten besuchen wollte. Zeitlich wird's nicht immer klappen, und bei all dem üppigen kulinarischem Gelage kann der Hosenbund leicht eng werden.
Allerdings muß die Völlerei dem Gewissen nach verdient werden! Aber das ist hierzulande ganz einfach, weil eigentlich alle Festtage kirchlichen Ursprungs sind. Also – wird der Tag mit dem »hohen Kirchgang« begonnen und weil dieser durstig macht, gibt's nach »da Kirch« erstmal einen Frühschoppen. Sozusagen um sich auf den Sonntagsbraten vorzubereiten. Praktischerweise stehen Kirche und Wirtshaus ja meist nebeneinander.
Die Kirchweih findet im Herbst statt und dauert je nach Landstrich kürzer oder länger. Gefeiert wird am dritten Sonntag im Oktober. Obligatorisch gehört dazu eine besonders lange Festmesse mit (besonders) langer Predigt, eine saftige Kirchweihgans, Auszog'ne Kirchweihnudeln und ». . . schon vui Bier«.
Wie lange dieses Fest dann dauert, ist von Ort zu Ort verschieden. Getreu dem Motto:

»A Kirta (Kirchweihfest) dauert bis zum Irta (Dienstag) oder er kon si schicka bis zum Micka (Mittwoch)«. Die Kirchweih wird zeitlich vom Almabtrieb in den Bergen abgelöst. Die Bauern freuen sich, daß sie ihre Kühe unverletzt über den Sommer in den Alpen gebracht haben. Daher werden die Tiere prächtig geschmückt und zum Überwintern ins Tal gebracht. Eine derartige Freude wird dann im Bierzelt geteilt und mit vielen Schmankerln gefeiert. Kaum ist diese Freude überstanden, wird dem Sankt Leonhard und dem Heiligen Georg gehuldigt. Der Heilige Leonhard war für die Bauern immer wichtig, denn er ist der Patron für das Vieh, besonders der Pferde. Vielerorts finden Umritte zu Ehren dieser Patrone statt. In Kirchweidach, einem 1200 Jahre alten Dorf im Landkreis Altötting, findet jährlich am ersten Sonntag im November einer der schönsten Umzüge statt. Die Kirchweidacher legten während einer verheerenden Viehseuche ein Gelübde ab, nach dem sie jährlich ihrem Viehpatron huldigen würden. Die Seuche muß bald aufgehört haben, denn seit 262 Jahren finden sich Hunderte von Reitern zum Umritt ein. Der Ritt macht hungrig und vor allem durstig, und so wird's wieder ein Riesenfest mit Ochsenfleisch, Würsten, Hendln und Kiacheln.

Im Dezember, mag man vermuten, ginge es schon rein wegen der nicht aufgestellten Bier- oder auch Weinzelte ruhiger zu. Eine »stade« (stille) Zeit beginnt, die zwar ruhiger abläuft, aber durch die Christkindlmärkte, die Adventsfeiern und die Weihnachtsbräuche im Kulinarischen den anderen »Jahreszeiten« nicht nachsteht. Die fränkischen Würste müssen alle probiert werden, und wem es dann noch nicht zuviel ist, der kann sich den Schleckereien, den unzähligen »Guateln« (Weihnachtsbäckerei), zuwenden.

Wohl bekomm's!

Zu den Honoratioren, die von prächtigen Pferdegespannen gezogen auf die Volksfeste einziehen, gehören traditionsgemäß auch die Festzelt-Wirte. Ihre Tätigkeit hat nun mal einige – auch wirtschaftliche! – Bedeutung.

Kartoffelsuppe mit Bierkrusteln

Zutaten für 4 Personen:
500 g Kartoffeln
1 Lauchstange (nur das Weiße)
1 mittelgroße Zwiebel
1 Karotte
50 g durchwachsener Speck
1 Teel. Butterschmalz
1 1/2 l Fleischbrühe
Salz
weißer Pfeffer, frisch gemahlen
getrockneter Majoran
2 Scheiben entrindetes Weißbrot
4 Eßl. helles Bier
2 Eßl. Butter
2 Eßl. Petersilie, frisch gehackt

Preiswert
Gelingt leicht

Pro Portion etwa:
1500 kJ/360 kcal
9 g Eiweiß · 19 g Fett
37 g Kohlenhydrate

- Zubereitungszeit: etwa 1 1/4 Stunden

1. Die Kartoffeln schälen, in grobe Würfel schneiden und bis zum Gebrauch in kaltes Wasser legen. Den Lauch längs halbieren, unter fließend kaltem Wasser säubern und fein würfeln. Die Zwiebel schälen und hacken. Die Karotte schälen, längs vierteln und quer in kleine Stücke schneiden. Den Speck klein würfeln.

2. In einem größeren Topf das Butterschmalz erhitzen. Die Speck- und Zwiebelwürfel einstreuen. Nach einigen Minuten das kleingeschnittene Gemüse dazugeben. Unter ständigem Rühren etwa 5 Minuten andünsten. Mit der Brühe aufgießen, salzen und pfeffern. Majoran je nach Geschmack üppig oder sparsam dazugeben. Die Suppe in etwa 30 Minuten fertig garen. Sobald die Kartoffeln beim Anstechen zerfallen, die Suppe leicht pürieren.

3. Das Weißbrot in gleichmäßige Würfel schneiden, in ein Schüsselchen legen und mit dem Bier beträufeln. Die Butter erhitzen und das Brot darin von allen Seiten goldgelb braten.

4. Die Kartoffelsuppe in vorgewärmte Suppenteller gießen. Die Bierkrusteln darauf verteilen und mit der Petersilie garnieren.

Kräutelsuppe

In Bayern, jedoch speziell in München, wird der Kerbel »Kräutel« genannt. Diese Suppe wurde zur beliebtesten Fastensuppe, der »Gründonnerstagssuppe«.

Zutaten für 4 Personen:
200 g Kerbel
1 kleine Zwiebel
4 Eßl. Butter
1 Eßl. Mehl
1 1/4 l Gemüsebrühe
Salz
Pfeffer, frisch gemahlen
4 Scheiben entrindetes Weißbrot
4 Eßl. Sauerrahm

Gelingt leicht • Preiswert

Pro Portion etwa:
1100 kJ/260 kcal
5 g Eiweiß · 15 g Fett
28 g Kohlenhydrate

- Zubereitungszeit: etwa 30 Minuten

1. Den Kerbel verlesen, waschen und trockentupfen. Mit einem Wiegemesser fein zerkleinern. Die Zwiebel schälen und hacken.

2. Die Hälfte der Butter in einem Topf erhitzen und darin die Zwiebelwürfel anbraten. Nach einigen Minuten mit dem Mehl bestäuben und unter ständigem Rühren bei mittlerer Hitze hell halten. Den Kerbel lose einstreuen und nach knapp 5 Minuten mit der Gemüsebrühe aufgießen. Bei schwacher Hitze etwa 10 Minuten köcheln, dabei salzen und pfeffern.

3. Das Weißbrot in gleichmäßige, kleine Würfel schneiden. In einer Pfanne die restliche Butter erhitzen. Die Brotwürfel einstreuen und von allen Seiten goldbraun und knusprig braten. Die Suppe in vorgewärmte Suppenteller füllen. Je 1 Eßlöffel Sauerrahm daraufgeben und darauf die Brotwürfel verteilen.

Im Bild vorne: Kräutelsuppe
Im Bild hinten: Kartoffelsuppe mit Bierkrusteln

Pfannen-kuchensuppe

Zutaten für 4 Personen:
80 g Mehl
Salz
2 Eier
100 ml Milch
3 Eßl. Butterschmalz
1 1/2 l Brühe
2 Eßl. Schnittlauch, frisch gehackt

Gelingt leicht

Pro Portion etwa:
1100 kJ/260 kcal
7 g Eiweiß · 17 g Fett
18 g Kohlenhydrate

- Zubereitungszeit: etwa 40 Minuten

1. Das Mehl und Salz in eine Schüssel sieben. Die Eier einschlagen und unter Zugabe der Milch einen dünnen Pfannenkuchenteig herstellen.

2. In einer Pfanne einen Teil Butterschmalz erhitzen. Eine Kelle Teig auf den Pfannenboden gießen und durch Schwenkbewegungen gleichmäßig verteilen. Kurz anbacken lassen, die Pfanne leicht rütteln und den Pfannenkuchen wenden. Die andere Seite anbacken. Die fertigen Pfannenkuchen sollen eine goldgelbe Farbe haben. Mit dem restlichen Teig solange fortfahren, bis er aufgebraucht ist.

3. Die Brühe zum Kochen aufstellen.

4. Die leicht abgekühlten Pfannenkuchen aufrollen und in etwa 1/2 cm dicke Streifen schneiden. In vorgewärmte Suppenteller verteilen und mit heißer Suppe übergießen. Jede Portion mit frisch gehacktem Schnittlauch garnieren.

Pichelsteiner

Zutaten für 4 Personen:
200 g mageres Schweinefleisch
200 g mageres Rindfleisch
1 große Zwiebel
2 Lauchstangen
1/4 Sellerieknolle
4 Karotten
500 g Kartoffeln
3 Eßl. Öl
Salz
weißer Pfeffer, frisch gemahlen
3/4 l Fleischbrühe
1/2 Bund Petersilie, frisch gehackt

Gelingt leicht

Pro Portion etwa:
1400 kJ/330 kcal
26 g Eiweiß · 15 g Fett
25 g Kohlenhydrate

- Zubereitungszeit: etwa 1 1/2 Stunden (davon 50 Minuten Garzeit)

1. Das Schweine- und das Rindfleisch in etwa 2 cm große Würfel schneiden. Die Zwiebel schälen, halbieren und quer in Streifen schneiden. Den Lauch längs halbieren und gründlich waschen. Abtropfen lassen und quer in Streifen schneiden.

2. Den Sellerie und die Karotten schälen und in Scheiben schneiden. Die Kartoffeln schälen und passend zu dem anderen Gemüse schneiden.

3. In einem größeren Topf das Öl erhitzen. Die Fleischwürfel und die Zwiebelstreifen einlegen. Einige Minuten unter öfterem Umrühren bei starker Hitze anbraten. Die Hälfte des angebratenen Zwiebel-Fleisch-Gemischs herausnehmen.

4. Den Lauch, den Sellerie, die Karotten, die Kartoffeln und das herausgenommene Fleisch lagenweise in den Topf einschichten. Dabei jede Schicht leicht salzen und pfeffern. Die Brühe seitlich eingießen. Den Eintopf zugedeckt bei schwacher Hitze etwa 50 Minuten garen. Das fertige Pichelsteiner mit der Petersilie überstreuen und servieren.

Im Bild vorne: Pfannenkuchensuppe
Im Bild hinten: Pichelsteiner

Leberknödelsuppe

Zutaten für 4 Personen:
6 Semmeln vom Vortag
100 ml heiße Milch
Salz
1 mittelgroße Zwiebel
1 1/2 Bund glatte Petersilie
1 Eßl. Butter
250 g Leber vom Rind, frisch geschabt (eventuell vorbestellen)
2 Eier
weißer Pfeffer, frisch gemahlen
1 Teel. getrockneter Majoran
1 l Rinderbrühe
1 Eßl. Schnittlauch, frisch gehackt

Preiswert

Pro Portion etwa:
1500 kJ/360 kcal
23 g Eiweiß · 11 g Fett
40 g Kohlenhydrate

- Zubereitungszeit: etwa 1 Stunde

1. Die Semmeln in dünne Scheiben schneiden und in eine Schüssel legen. Mit der heißen Milch übergießen und mit einem Tuch abdecken. Reichlich Salzwasser in einem breiten Topf zum Kochen bringen.

2. Die Zwiebel schälen und hacken. Die Petersilie waschen, trockentupfen und ohne die Stiele fein wiegen. In einer Pfanne die Butter erhitzen. Die Zwiebelwürfel und die Petersilie einstreuen und einige Minuten anschwitzen. Den Pfanneninhalt über die eingeweichten Semmeln geben.

3. Die geschabte Rinderleber, die Eier, Salz, Pfeffer und den Majoran untermengen – es soll eine mittelfeste Masse entstehen. Daraus mit nassen Händen acht Knödel formen.

4. Die Leberknödel ins kochende Wasser legen und bei mittlerer Hitze etwa 20 Minuten garen. Inzwischen die Rinderbrühe erhitzen. Die fertigen Knödel in der Suppe servieren und mit dem Schnittlauch garnieren.

Tips!

Sollte der Leberknödelteig etwas zu »naß« sein, können Sie die Masse leicht mit Mehl überstäuben.
Nach Belieben die frisch gedrehten Leberknödel in heißem Backfett in etwa 10 Minuten fritieren.

Gemüseeintopf

Zutaten für 4 Personen:
2 mittelgroße Zwiebeln
400 g Kartoffeln
400 g Karotten
400 g Weißkraut
1 Lauchstange
100 g durchwachsener Speck
1 Eßl. Butter
Salz · weißer Pfeffer, frisch gemahlen
Kümmel
1/2 l Brühe
2 Eßl. Petersilie, frisch gehackt

Preiswert

Pro Portion etwa:
1400 kJ/330 kcal
8 g Eiweiß · 21 g Fett
28 g Kohlenhydrate

- Zubereitungszeit: etwa 1 1/4 Stunden

1. Die Zwiebeln schälen, halbieren und in Streifen schneiden. Die Kartoffeln schälen, in Scheiben schneiden und bis zum Gebrauch in kaltes Wasser legen.

2. Die Karotten schälen und quer in Scheiben schneiden. Das Weißkraut ohne den Strunk in Stücke von etwa 2×2 cm schneiden, waschen und abtropfen lassen. Den Lauch längs halbieren, sorgfältig zwischen den Blattschichten waschen und quer in Streifen schneiden. Den geräucherten Speck fein würfeln.

3. In einem größeren Topf die Butter erhitzen. Die Speckwürfel und die Zwiebelstreifen einstreuen. Nach einigen Minuten alles Gemüse lagenweise einschichten. Dabei jede Lage leicht salzen, pfeffern und mit Kümmel bestreuen. Die Brühe seitlich eingießen. Den Topf mit einem Deckel verschließen und den Eintopf bei schwacher Hitze in etwa 30 Minuten garen.

4. Den fertigen Eintopf mit der Petersilie überstreut servieren.

Im Bild vorne: Leberknödel
Im Bild hinten: Gemüseeintopf

Hirnsuppe

Zutaten für 4 Personen:
250 g geputztes Kalbshirn (beim Metzger vorbestellen)
1 kleine Zwiebel
1 Eßl. Butter
1 Eßl. Mehl
1 1/4 l Fleischbrühe
Salz
nach Belieben Muskatnuß, frisch gerieben
4 Scheiben entrindetes Weißbrot
1 Eßl. Butterschmalz
1 Eigelb
4 Eßl. Rahm
2 Eßl. Petersilie, frisch gehackt

Für Gäste

Pro Portion etwa:
1100 kJ/260 kcal
10 g Eiweiß · 19 g Fett
12 g Kohlenhydrate

- Zubereitungszeit: etwa 40 Minuten

1. Das Kalbshirn einige Male kalt abspülen und trockentupfen. Sorgfältig zerkleinern. Die Zwiebel schälen und hacken.

2. Die Butter erhitzen, das Kalbshirn und die Zwiebel darin anbraten. Nach einigen Minuten mit dem Mehl überstäuben und bei mittlerer Hitze hell halten. Unter Rühren die Brühe dazugießen. Mit Salz und Muskat würzen und etwa 10 Minuten köcheln lassen.

3. Inzwischen das Weißbrot klein würfeln. In das heiß schäumende Butterschmalz legen und von allen Seiten »aufschmelzen« (goldgelb und knusprig braten). Die Brotwürfel auf vorgewärmte Suppenteller verteilen.

4. Das Eigelb und den Rahm verschlagen und in die Suppe rühren, aber nicht mehr aufkochen lassen. Die Suppe über die Brotwürfel gießen und mit der Petersilie bestreuen.

Fischnockerl

Zutaten für 4 Personen:
200 g Fischgräten
3/4 l Wasser
1/4 l trockener Weißwein
1 Bund Suppengrün
einige Dillstengel
1 mittelgroße Zwiebel
2 Gewürznelken
5 schwarze Pfefferkörner
Salz
300 g frische, enthäutete Forellenfilets
Saft von 1/2 Zitrone
weißer Pfeffer, frisch gemahlen
200 g Rahm
1/2 Bund Dill, frisch gehackt
1 Karotte
1 Stange Lauch (nur das Weiße)

Für Gäste

Pro Portion etwa:
1300 kJ/310 kcal
17 g Eiweiß · 18 g Fett
7 g Kohlenhydrate

- Zubereitungszeit: etwa 1 1/4 Stunden

1. Die Gräten gründlich waschen. In einem größeren Topf mit dem Wasser und dem Weißwein zum Kochen aufstellen.

2. Das Suppengrün säubern und in grobe Stücke schneiden. Die Dillstengel waschen und kleiner brechen. Die Zwiebel schälen, halbieren und jede Hälfte mit 1 Gewürznelke spicken. Das Suppengrün, die Dillstengel, die Zwiebel und die Pfefferkörner in die kochende Flüssigkeit geben. Leicht salzen. Bei schwacher Hitze etwa 30 Minuten köcheln lassen.

3. Währenddessen die Forellenfilets waschen und trockentupfen. In kleine Stücke schneiden. Mit dem Zitronensaft, Salz und Pfeffer pürieren. Den Rahm steif schlagen und unterheben. Zuletzt den gehackten Dill einstreuen. Zugedeckt in den Kühlschrank stellen.

4. Die Fischsuppe durch ein Haarsieb passieren. Aufkochen lassen, dann die Hitze reduzieren. Eventuell nachwürzen.

5. Inzwischen etwa 2 l Salzwasser zum Kochen aufstellen. Die Karotte schälen, längs in dünne Scheiben schneiden und quer stifteln. Den Lauch längs halbieren, waschen und quer in dünne Streifen schneiden. Beides in die nicht mehr kochende Fischsuppe geben.

6. Mit Hilfe von zwei Eßlöffeln aus dem Fischteig kleine Nocken herstellen und in das kochende Salzwasser gleiten lassen und 5–10 Minuten garen. In tiefen Tellern mit heißer Fischbrühe übergießen.

Im Bild vorne: Fischnockerl
Im Bild hinten: Hirnsuppe

Hausgemachter Leberkäs

Leberkäse könnte ein Synonym für Bayern sein. Jedoch stimmen die Ingredienzien wie so oft nicht mit dem Namen überein, denn Leber und Käse finden Sie darin nicht. Vielmehr könnte der Name vom Aussehen kommen, denn der Leberkäse wird geformt wie ein Käslaib. Folgendes Rezept ist hauptsächlich für diejenigen gedacht, die keinen frischen Leberkäse beim Metzger bekommen. Das selbst hergestellte Brät wird nur mit hochwertigen Küchenmaschinen annähernd so fein wie das vom Metzger.

Zutaten für 4 Personen:
400 g mageres Rindfleisch
400 g mageres Schweinefleisch
Salz
weißer Pfeffer, frisch gemahlen
1/4 l lauwarmes Wasser
200 g grüner Speck (ohne Schwarte)
1 mittelgroße Zwiebel
1 Eßl. getrockneter Majoran
Für die Form: Butter

Raffiniert

Pro Portion etwa:
2500 kJ/600 kcal
45 g Eiweiß · 47 g Fett
1 g Kohlenhydrate

- Zubereitungszeit: etwa 2 Stunden

1. Das Fleisch in grobe Stücke schneiden. Getrennt durch die feine Scheibe des Fleischwolfs drehen. Beide Fleischsorten mit einem Schaber in den Mixer geben. Unter Beigabe von Salz, Pfeffer und dem lauwarmen Wasser den Fleischteig weiter verfeinern.

2. Den grünen Speck entweder fein würfeln oder durch die grobe Scheibe des Fleischwolfs drehen. Locker unter das Fleischbrät mischen. Die Zwiebel schälen, reiben und mit dem Majoran hinzufügen. Den Teig eventuell nachwürzen. Die Fleischmasse kalt stellen.

3. Den Backofen auf 180 ° vorheizen. Eine Kastenform fetten und mit dem Brät füllen, die Oberfläche glattstreichen. Nach Belieben mit einem scharfen Messer ein Rautenmuster einritzen. Den Leberkäse im Backofen (Mitte; Umluft 160 °, Gas Stufe 2–2 1/2) etwa 1 Stunde backen.

Essigknödel

Die Bayern sind sehr kreativ, vor allem, was ihre Knödelrezepte anbelangt. Folgendes Rezept eignet sich hervorragend für übriggebliebene Knödel vom Sonntagsbraten.

Zutaten für 4 Personen:
8 Semmel- oder Kartoffelknödel vom Vortag
1 große Zwiebel
1 Bund Schnittlauch
6 Eßl. Öl
5 Eßl. Essig
Salz
weißer Pfeffer, frisch gemahlen

Preiswert • Schnell

Pro Portion etwa:
950 kJ/330 kcal
6 g Eiweiß · 20 g Fett
5 g Kohlenhydrate

- Zubereitungszeit: etwa 20 Minuten

1. Die Knödel halbieren und jede Hälfte in Scheiben schneiden. Die Zwiebel schälen und in dünne Ringe schneiden. Den Schnittlauch waschen, trockenschütteln und in feine Röllchen schneiden.

2. Aus dem Öl, dem Essig und ein wenig lauwarmem Wasser eine Marinade anrühren. Salzen und pfeffern.

3. In einer großen Schüssel die Knödelscheiben und die Zwiebelringe vermengen. Die Marinade darüber gießen und alles mischen. Mit dem Schnittlauch überstreuen. Nach Belieben ziehen lassen.

Tip!

Sollten Ihnen frisch gefertigte Knödel übrigbleiben, so übergießen Sie diese mit kaltem Wasser und stellen Sie sie in den Kühlschrank. Nur so trocknen sie nicht aus und können weiterverwendet werden.

Im Bild vorne: Essigknödel
Im Bild hinten: Hausgemachter Leberkäs

Radi mit Schnittlauchbrot

Zutaten für 4 Personen:
2 große Rettiche
Salz
4 Scheiben Bauernbrot
1 Eßl. weiche Butter
1 Bund Schnittlauch
3 Eßl. Rahm
2 Eßl. Essig

Preiswert • Schnell

Pro Portion etwa:
770 kJ/180 kcal
6 g Eiweiß · 8 g Fett
25 g Kohlenhydrate

- Zubereitungszeit: etwa 40 Minuten

1. Die Rettiche schälen, von eventuellen holzigen Stellen befreien, waschen und trockentupfen. Entweder in dünne Scheibchen schneiden oder auf einem Gemüsehobel fein raffeln. In eine Schüssel legen, kräftig salzen und für etwa 20 Minuten »weinen« lassen.

2. Die Brotscheiben mit der Butter bestreichen. Den Schnittlauch waschen, trockenschütteln und kleinschneiden. Auf die Brotscheiben verteilen. Nach Belieben mit einem scharfen Messer auf den Oberflächen der Brote Rauten einritzen.

3. Den feuchten Rettichsalat mit dem Rahm und dem Essig verfeinern. Nach Bedarf nochmals salzen.

Knöcherlsulz mit Gurkerl

Zutaten für 5 Personen:
2 küchenfertige Schweinefüße
2 küchenfertige Kälberfüße
2 Schweineohren (alles beim Metzger vorbestellen)
Salz
5 schwarze Pfefferkörner
2 Lorbeerblätter
100 ml Essig
3 mittelgroße Karotten
1 große Zwiebel
2 Gewürznelken
50 ml trockener Weißwein
5 Essiggurken

Preiswert • Raffiniert

Pro Portion etwa:
3300 kJ/790 kcal
86 g Eiweiß · 47 g Fett
6 g Kohlenhydrate

- Zubereitungszeit: etwa 3 Stunden (davon 2 1/2 Stunden Garzeit)
- Kühlzeit: 12 Stunden

1. Die Schweine- und Kälberfüße unter kaltem, fließendem Wasser gründlich waschen, um eventuelle Knochensplitter zu beseitigen. Die Schweineohren ebenfalls gründlich säubern und zusammen mit den Füßen in einen großen Topf geben. Mit kaltem Wasser bedecken. Das Ganze 1–2 Minuten aufkochen lassen und dann das Wasser abgießen. Erneut mit kaltem Wasser auffüllen und zum Kochen auf den Herd stellen.

2. Nach dem ersten Aufkochen den sich bildenden Schaum an der Oberfläche mit einem Schaumlöffel entfernen. Den Topfinhalt kräftig salzen. Die Pfefferkörner, die Lorbeerblätter und den Essig hinzufügen.

3. Die Karotten schälen und in etwa 1/2 cm dicke Scheiben schneiden. Die Zwiebel schälen, halbieren und mit den Gewürznelken spicken. Die Karottenscheiben und die Zwiebelhälften in den Sud legen. Den Weißwein eingießen.

4. Die Brühe bei schwacher Hitze etwa 2 1/2 Stunden köcheln, dabei öfter die Oberfläche abschäumen.

5. Die fertige Brühe vom Herd ziehen und etwa 30 Minuten ruhen lassen. Anschließend die Schweine- und Kälberfüße mit einer Gabel herausnehmen. Das Fleisch heraustrennen und auf fünf tiefe Teller verteilen. Die Schweineohren, wenn Sie mögen, in Streifen schneiden und ebenfalls verwenden. Die Sulzflüssigkeit durch ein Haarsieb passieren und noch einmal aufkochen. Eventuell nachwürzen.

6. Die Essiggurken in Scheiben schneiden und um das Fleisch anrichten. Mit der warmen Brühe übergießen, bis alles bedeckt ist. Die Teller in den Kühlschrank stellen und die Sülze in etwa 12 Stunden steifen lassen. Dazu schmecken Ei, Bratkartoffeln und frisches Bauernbrot.

Im Bild vorne:
Radi mit Schnittlauchbrot
Im Bild hinten: Knöcherlsulz mit Gurkerl

Wurstsalat nach Regensburger Art

Zutaten für 4 Personen:
8 Stück Regensburger Würste
(ersatzweise 800 g Fleischwurst)
2 mittelgroße Zwiebeln
1 Bund Schnittlauch
3–4 Eßl. Essig
4–5 Eßl. Öl
Salz
schwarzer Pfeffer, frisch gemahlen

Gelingt leicht • Schnell

Pro Portion etwa:
2800 kJ/670 kcal
27 g Eiweiß · 62 g Fett
3 g Kohlenhydrate

- Zubereitungszeit: etwa 20 Minuten

1. Die Würste längs einritzen und die Häute abziehen. Quer in feine und sehr dünne Scheiben schneiden.

2. Die Zwiebeln schälen und in feine Ringe schneiden. Den Schnittlauch waschen, trockenschleudern und in Röllchen schneiden.

3. Aus dem Essig, dem Öl, Salz und Pfeffer eine pikante Marinade herstellen. Den Schnittlauch unterrühren. In einer großen Schüssel die Wurstscheiben und die Zwiebelringe locker vermengen. Mit der Salatsauce übergießen und nochmals vermischen. Nach Bedarf mit Salz und Pfeffer nachwürzen, nach Belieben etwas ziehen lassen.

Obazda

Wer sich in Bayern (meist mit Essen) ankleckert, der »bazd sich o«. So spricht man von »Obazn«, wenn eine breiige Masse vermischt und angemacht wird. Also: Der weiche Käse wird mit Butter sowie Rahm vermischt und heißt damit »Obazda«. Im Rezept ist Camembert angegeben, jedoch wird für dieses Rezept oft übriggebliebener Käse, auch mit Quark, vermischt.

Zutaten für 4 Personen:
400 g reifer, zimmerwarmer
Camembert (45 %)
3 Eßl. Rahm
50 g weiche Butter
Salz
weißer Pfeffer, frisch gemahlen
1 kleine Zwiebel
Paprikapulver, edelsüß
20 Salzstangen

Gelingt leicht

Pro Portion etwa:
2200 kJ/520 kcal
24 g Eiweiß · 38 g Fett
20 g Kohlenhydrate

- Zubereitungszeit: etwa 1 1/4 Stunden (davon 1 Stunde Kühlzeit)

1. Den Camembert grob würfeln und in eine Schüssel geben. Den Rahm dazugeben und beides mit Hilfe einer Gabel fein zermusen.

2. Die Butter unter die Käsemasse rühren. Mit Salz und Pfeffer würzen. Die Zwiebel schälen, fein hacken und unter die Käsemasse rühren. Im Kühlschrank zugedeckt etwa 1 Stunde ziehen lassen.

3. Den Obazdn auf einem Teller kegelförmig anrichten und mit Paprika überpudern. Die Salzstangerl dazu servieren; lustig sieht es aus, wenn sie im Käse stecken. Dazu gehört Brot.

Tip!

Sollten Sie einmal einen relativ jungen Camembert zur Hand haben, so pürieren Sie diesen mit der doppelten Menge Rahm.

Bild oben: Wurstsalat nach Regensburger Art
Bild unten: Obazda

Fleischpflanzerl und Kren

Was für den einen die Frikadelle, für den anderen der Hamburger oder das Beefsteak ist, ist für den Bayern das Fleischpflanzerl. Der dazu servierte Kren (Meerrettich) hat frisch geschabt schon manche zum Weinen gebracht.

Zutaten für 4 Personen:
2 Semmeln vom Vortag
100 ml heißes Wasser
1 mittelgroße Zwiebel
1/2 Bund Petersilie
1/2 Eßl. Butter
400 g gemischtes Hackfleisch
2 Eier
Salz
weißer Pfeffer, frisch gemahlen
1/2 Teel. getrockneter Majoran
1/4 Teel. getrockneter Thymian
Muskatnuß, frisch gerieben
2 Eßl. Butterschmalz
1/2 frische Meerrettichwurzel

Schnell • Gelingt leicht

Pro Portion etwa:
2025 kJ/480 kcal
26 g Eiweiß · 33 g Fett
19 g Kohlenhydrate

- Zubereitungszeit: etwa 40 Minuten

1. Die Semmeln halbieren und quer in dünne Scheiben schneiden. Mit dem heißen Wasser übergießen und zum »Aufblähen« mit einem Tuch abdecken.

2. Die Zwiebel schälen und hacken. Die Petersilie waschen, trockentupfen und ebenfalls hacken. Beides in der heißen Butter glasig schwitzen.

3. Das Hackfleisch in eine Schüssel legen. Die Semmeln fest ausdrücken und zusammen mit dem Zwiebel-Petersilien-Gemisch zum Hackfleisch geben. Die Eier einschlagen und einen geschmeidigen Fleischteig herstellen. Mit Salz, Pfeffer, dem Majoran, dem Thymian und Muskat pikant würzen. Aus der Fleischmasse kleine runde Pflanzerl formen.

4. Das Butterschmalz in einer größeren Pfanne oder in zwei Pfannen erhitzen. Die Fleischpflanzerl von beiden Seiten bei starker Hitze anbraten, dann die Hitze reduzieren. Die Garzeit beträgt etwa 15 Minuten.

5. Den Meerrettich sorgfältig schälen und grob schaben. Die braun gebratenen Fleischpflanzerl auf einer vorgewärmten Servierplatte anrichten. Mit Meerrettich überstreuen. Der Kartoffelsalat paßt sehr gut dazu.

Lauwarmer Kartoffelsalat

Zutaten für 4 Personen:
1 kg vorwiegend festkochende
Kartoffeln
Salz
100 g durchwachsener Speck
2 kleine Zwiebeln
1 Eßl. Butter
100 ml heiße Fleischbrühe
4 Eßl. Öl · 4 Eßl. Essig
weißer Pfeffer, frisch gemahlen
2 Eßl. Petersilie, frisch gehackt

Gelingt leicht

Pro Portion etwa:
1600 kJ/380 kcal
7 g Eiweiß · 25 g Fett
33 g Kohlenhydrate

- Zubereitungszeit: etwa 1 Stunde

1. Die Kartoffeln gründlich waschen und in Salzwasser weich garen. Die Kartoffeln abgießen und schälen. Halbieren, in Scheiben schneiden und in eine Schüssel legen.

2. Den Speck fein würfeln. Die Zwiebeln schälen und hacken. Die Butter erhitzen und die Speck- und Zwiebelwürfel darin einige Minuten braten. Den Pfanneninhalt über die Kartoffeln geben.

3. Die heiße Fleischbrühe, das Öl und den Essig eingießen. Salzen und pfeffern. Den Kartoffelsalat gründlich durchmengen. Kurz vor dem Servieren mit der Petersilie überstreuen.

Im Bild vorne:
Fleischpflanzerl und Kren
Im Bild hinten:
Lauwarmer Kartoffelsalat

Rapunzel mit Speck-Reherl

Zutaten für 4 Personen:
200 g Feldsalat
400 g frische Pfifferlinge
100 g durchwachsener Speck
1 Teel. Butter
100 ml Fleischbrühe
Salz · weißer Pfeffer, frisch gemahlen
3 Eßl. Öl
3 Eßl. Essig
1 Eßl. Petersilie, frisch gehackt

Schnell • Für Gäste

Pro Portion etwa:
1000 kJ/240 kcal
5 g Eiweiß · 24 g Fett
1 g Kohlenhydrate

- Zubereitungszeit: etwa 30 Minuten

1. Den Feldsalat gründlich verlesen, mehrmals waschen und über einem Sieb abtropfen lassen. Die Pfifferlinge putzen, unter fließendem, kaltem Wasser waschen und abtropfen lassen. Den Speck in feine Streifen schneiden.

2. In einer Pfanne die Butter zerlassen. Die Speckstreifen bei mittlerer Hitze einstreuen und nach einigen Minuten die Pfifferlinge hinzufügen. Etwa 5 Minuten dünsten. Die Brühe angießen. Salzen und pfeffern und vom Herd nehmen.

3. Den Feldsalat mit dem Öl, dem Essig, Salz und Pfeffer anmachen. Gut vermengen und auf vier Tellern hübsch anrichten. Die Pfifferlinge darauf verteilen. Mit der Petersilie überstreuen.

Saures Kalbslüngerl

Zutaten für 4 Personen:
300 g Kalbslunge (eventuell beim Metzger vorbestellen)
200 g Kalbsherz
Für den Sud:
2 l gesalzenes Wasser
1 Karotte
100 g Knollensellerie
einige Petersilienzweige
2 mittelgroße Zwiebeln
2 Gewürznelken
3 Lorbeerblätter
einige Pfefferkörner
100 ml Essig
Für die Sauce:
2 Eßl. Butter
1 Teel. Zucker
2 Eßl. Mehl
Saft von 1/2 Zitrone
50 ml Weißwein
1 Eßl. Essig

Raffiniert

Pro Portion etwa:
1000 kJ/240 kcal
23 g Eiweiß · 11 g Fett
11 g Kohlenhydrate

- Zubereitungszeit: etwa 3 Stunden (davon 2 Stunden Garzeit)
- Marinierzeit: 1–3 Tage

1. Die Kalbslunge und das Kalbsherz in kaltem Wasser wässern. Dabei das Wasser wechseln, bis es klar bleibt.

2. Für den Sud das Salzwasser zum Kochen aufstellen. Die Karotte und den Sellerie schälen, grob zerschneiden und mit den Petersilienzweigen hinzufügen. Die Zwiebeln schälen, halbieren, die Nelken feststecken und mit den Lorbeerblättern, den Pfefferkörnern und dem Essig in den Sud geben.

3. Die gut gereinigten Innereien in den kochenden Sud legen und etwa 2 Stunden kochen lassen. Den auf der Oberfläche auftretenden Schaum öfters mit einer Schaumkelle entfernen.

4. Die Lunge und das Herz aus dem Wasser nehmen und in ein Sieb zum Ablaufen und Erkalten legen. Den Sud durch ein feines Haarsieb gießen. Die erkalteten Innereien in gleichmäßige, dünne Streifen schneiden. In den passierten Sud zurücklegen und abgedeckt mindestens 1 Tag kalt stellen.

5. Das marinierte Lüngerl vom Sud trennen. In einem größeren Topf für die Sauce die Butter erhitzen. Unter ständigem Rühren den Zucker und nach etwa 1 Minute das Mehl einrieseln. Mit dem Sud aufgießen und bei mittlerer Hitze etwa 10 Minuten durchkochen. Zuletzt die Innereien untermischen. Kräftig und pikant mit dem Zitronensaft, dem Weißwein und dem Essig würzen. Nach Geschmack nochmals salzen und mit Petersilie überstreuen.

Im Bild vorne: Saures Kalbslüngerl
Im Bild hinten:
Rapunzel mit Speck-Reherl

Gesottene Ochsenbrust

Das Rezept für den Semmelkren, übersetzt »Brötchenmeerrettich«, stammt ursprünglich aus Österreich. Jedoch besonders im Grenzgebiet und Chiemgau ist er heiß begehrt.
Vom Kochen übrige Brühe reichen Sie am besten als Vorsuppe.

Zutaten für 4 Personen:
1 kg Ochsenbrust (Rinderbrust)
250 g Knochen vom Rind
Salz
1 mittelgroße Zwiebel
einige Petersilienstengel
6–8 weiße Pfefferkörner
1 Lorbeerblatt
2 Karotten
1 Lauchstange
100 g Knollensellerie
2 Semmeln vom Vortag
2 Eßl. Meerrettich, frisch gerieben
1 Eßl. Petersilie, frisch gehackt
weißer Pfeffer, frisch gemahlen

Für Gäste

Pro Portion etwa:
1800 kJ/425 kcal
53 g Eiweiß · 16 g Fett
19 g Kohlenhydrate

- Zubereitungszeit: etwa 3 Stunden (davon 1 1/2 Stunden Garzeit)

1. Die Ochsenbrust und die Knochen unter kaltem, fließendem Wasser gründlich waschen. Die Knochen in einen Topf legen und mit etwa 3 l kaltem Wasser aufgießen. Salzen. Den Topf zum Kochen aufstellen.

2. Die ungeschälte Zwiebel halbieren und mit den Schnittflächen auf eine heiße Herdplatte legen und bräunen. Sobald die Knochenbrühe aufkocht, die gebräunten Zwiebelhälften und die Ochsenbrust in den Topf legen. Die Petersilienstengel, die Pfefferkörner und das zerdrückte Lorbeerblatt hinzufügen.

3. Bei schwacher Hitze etwa 1 1/2 Stunden leise köcheln lassen. Zwischenzeitlich das Gemüse vorbereiten. Die Karotten schälen, längs vierteln und quer halbieren.

4. Den Lauch längs halbieren und die einzelnen Blätterschichten unter fließendem, kaltem Wasser säubern. Kurz abtropfen lassen und quer in 3–4 cm lange Stücke schneiden.

5. Den Sellerie schälen, waschen und passend zum obigen Gemüse schneiden. Bis zum Gebrauch in kaltes Wasser legen, sonst wird er schnell braun.

6. Das Gemüse zum Fleisch in die Suppe legen und noch etwa 30 Minuten kochen lassen. Das Gemüse gibt so dem Ganzen genügend Geschmack, wird aber bis zum Verzehr nicht verkocht und zerlaugt.

7. Die Semmeln halbieren und in dünne Scheiben schneiden. In eine kleine Saucenschüssel legen. Mit dem Meerrettich und der Petersilie überstreuen. Leicht salzen und pfeffern. 1 Schöpfer Fleischbrühe darüber gießen, zudecken und ziehen lassen.

8. Das fertige Ochsenfleisch aus der Brühe nehmen und zugedeckt etwa 5 Minuten beiseite stellen. Anschließend in Scheiben schneiden und in einer tiefen, vorgewärmten Fleischplatte fächerförmig anordnen. Das Gemüse darauf legen. Mit passierter Brühe bedecken. Den Semmelkren dazu reichen.

Varianten:
Restliches gekochtes Rindfleisch findet je nach Geschmack und möglichem Zeitaufwand eine vielfache Verwertung. Es entstehen eigene Gerichte, die mit der meist negativen Resteverwertung nichts zu tun haben. Im Gegenteil – ich denke dabei an einen köstlichen Rindfleischsalat mit vielen Zwiebeln und Gurken. Alles wird in Streifen geschnitten und mit Salz, Pfeffer, Öl, Essig und viel Schnittlauch angemacht. Oder ein rustikales Bauernfrühstück, welches, mit Kartoffeln und Eiern in der Pfanne gebraten, am Morgen schon gute Laune macht. Erfahrene Köche würden aus der feinen Suppe und dem gekochten Fleisch eine pikante Rindfleischsülze herstellen. Vielleicht mit einer kalten Kräutersauce und Knoblauchbrot.

Krautwickerl

Zutaten für 4 Personen:
1 mittelgroßer Kopf Weißkraut
Salz
2 Semmeln vom Vortag
50 ml heiße Milch
1 mittelgroße Zwiebel
400 g gemischtes Hackfleisch
2 Eier
weißer Pfeffer, frisch gemahlen
1/2 Teel. getrockneter Majoran
1/2 Teel. Liebstöckel
1 Eßl. Petersilie, frisch gehackt
2 Eßl. Butterschmalz
50 g durchwachsener Speck in Würfeln
1/4 l heiße Fleischbrühe
100 g süßer oder saurer Rahm

Gelingt leicht

Pro Portion etwa:
2500 kJ/600 kcal
28 g Eiweiß · 48 g Fett
16 g Kohlenhydrate

- Zubereitungszeit: etwa 1 1/4 Stunden

1. In einem breiten Topf Salzwasser zum Kochen bringen. Den Krautkopf halbieren und dabei den Strunk entfernen. Acht schöne und große Blätter ablösen, von eventuellen Blattrippen befreien und waschen. Im kochenden Wasser einige Minuten sprudelnd kochen, dann abtropfen lassen und auf einer Arbeitsplatte auslegen.

2. Die Semmeln grob würfeln und mit der heißen Milch übergießen. Die Zwiebel schälen und hacken. Das Hackfleisch, die gut ausgedrückten Semmeln, die Zwiebel und die Eier vermengen. Mit Salz, Pfeffer und den Kräutern pikant würzen.

3. Den Fleischteig in die Mitte der Krautblätter geben. Die Blattränder einschlagen, fest aufrollen und mit Küchengarn umwickeln.

4. In einem breiten Topf das Butterschmalz erhitzen. Den Speck einstreuen und die Krautwickerl in das heiße Fett legen. Von allen Seiten anbraten. Nach etwa 5 Minuten die heiße Brühe angießen. Die Krautwickerl zugedeckt bei mittlerer Hitze in etwa 30 Minuten garen.

5. Die Krautwickerl auf eine vorgewärmte Platte legen. Den Bratenfond kurz aufkochen und mit dem Rahm verfeinern. Nach Bedarf nachwürzen.

Schlachtschüssel

Zutaten für 4 Personen:
800 g frisches Sauerkraut
1 kleiner Apfel
1 große Zwiebel
2 Eßl. Butterschmalz
1/2 l Brühe · Salz
1 Eßl. Wacholderbeeren
1 Lorbeerblatt · 1 Eßl. Kümmel
1 Teel. Zucker
weißer Pfeffer, frisch gemahlen
1 Speckschwarte
je 4 Leber- und Blutwürste
4 Scheiben Wammerl à 100 g

Spezialität

Pro Portion etwa:
8300 kJ/2000 kcal
52 g Eiweiß · 190 g Fett
10 g Kohlenhydrate

- Zubereitungszeit: etwa 2 Stunden (davon 1 1/2 Stunden Garzeit)

1. Das Sauerkraut mit einer Gabel zerrupfen. Den Apfel schälen, entkernen und in Scheiben schneiden. Die Zwiebel schälen, halbieren und in Streifen schneiden.

2. In einem größeren Topf das Butterschmalz erhitzen. Den Apfel und die Zwiebel darin bei mittlerer Hitze einige Minuten andünsten. Das Sauerkraut hinzufügen und mit der Brühe aufgießen. Leicht salzen.

3. Mit den Wacholderbeeren, dem zerdrückten Lorbeerblatt, dem Kümmel, dem Zucker und Pfeffer würzen. Die Speckschwarte obenauf legen. Das Kraut zugedeckt bei schwacher Hitze etwa 1 1/2 Stunden garen.

4. Kurz vor Ende der Garzeit die Speckschwarte entfernen. Die Leberwürste, die Blutwürste und den Bauchspeck einlegen und zugedeckt bei mittlerer Hitze in etwa 10 Minuten erwärmen. Das Ganze auf dem Sauerkraut servieren.

Im Bild vorne: Krautwickerl
Im Bild hinten: Schlachtschüssel

Gefülltes Kirchweihganserl

Zutaten für 6–7 Personen:
800 g Maronen
500 g säuerliche, mittelgroße Äpfel (Boskop)
Saft von 1 Zitrone
2 Eßl. Butter
Salz
1 Eßl. Zucker
1/8 l Hühnerbrühe
1 Gans von etwa 4 kg
weißer Pfeffer, frisch gemahlen
einige frische Beifußzweige
3/4 l kochendes Wasser
1/8 l helles Vollbier

Für Gäste • Braucht Zeit

Bei 7 Personen pro Portion etwa:
7100 kJ/1700 kcal
70 g Eiweiß · 140 g Fett
44 g Kohlenhydrate

- Zubereitungszeit: etwa 3 3/4 Stunden (davon 3 Stunden Bratzeit)

1. Den Backofen auf 200° vorheizen.

2. Die Maronen mit einem kleinen scharfen Messer an der Oberfläche kreuz und quer einritzen, auf ein Backblech setzen und für etwa 20 Minuten in den Backofen (Umluft 180°, Gas Stufe 2 1/2–3) schieben.

3. Inzwischen die Äpfel waschen, schälen und vierteln. Vom Kernhaus befreien und in dünne Scheiben schneiden. Bis zum Gebrauch in eine Schüssel legen und diese mit kaltem Wasser und dem Zitronensaft auffüllen.

4. Die Maronen, sobald ihre Häute leicht gelöst aussehen, aus dem Backofen nehmen. Den Backofen nicht ausschalten. Die Kastanien mit einem kleinen Messer sorgfältig schälen und halbieren.

5. In einem Topf die Butter erhitzen. Die abgetropften Apfelscheiben, die Maronen, Salz und den Zucker einstreuen. Nach wenigen Minuten mit der Brühe aufgießen und alles etwa 5 Minuten köcheln lassen. Den Topf beiseite ziehen.

6. Die Gans unter fließendem, kaltem Wasser innen und außen gründlich waschen. Mit einem Tuch innen und außen trockenreiben und innen und außen mit Salz und Pfeffer einreiben. Den Beifuß säubern und in den Bauch der Gans stecken. Die Kastanien-Apfelfülle löffelweise dazugeben und den Bauch mit kleinen Holz- oder Metallspießen verschließen.

7. Die Gans mit der Brustseite nach unten in einen großen Bräter setzen und mit dem kochenden Wasser übergießen. Den Bräter in den Backofen (unten) schieben.

8. Nach einer Bratzeit von etwa 1 Stunde die Gans wenden und dabei mehrmals mit einer Gabel einstechen. So tritt das Fett besser aus. Zwischendurch öfter mit eigenem Fett übergießen.

9. Nach einer Gesamtbratdauer von etwa 2 3/4 Stunden die Gans mit dem Bier bepinseln, damit sich eine schöne Kruste bildet. Bei offener Ofentüre weitere 10 Minuten braten.

10. Die fertige Gans vorsichtig aus dem Bräter heben und zum Nachziehen mit Alufolie bedecken.

11. Den Bratenfond auf dem Herd einmal aufkochen. Beiseite ziehen und einige Male zum Entfetten vorsichtig Küchenpapier über die Oberfläche der Sauce ziehen. Anschließend die Sauce weitere 10 Minuten einkochen. Eventuell nachwürzen.

12. Die Gans in 8–12 Teile schneiden und auf eine große Platte legen. Die Füllung lose in die Mitte setzen. Die Sauce separat reichen.

Variante:
Für einen Brezenteig halb Brezen und halb Semmeln in gleich große Würfel schneiden, mit heißer Milch übergießen und ziehen lassen. Die Innereien durch die feine Scheibe vom Wolf drehen, mit Zwiebelwürfeln und gehackter Petersilie vermengen. Alles miteinander zu einem Teig vermischen; salzen, pfeffern. Am schnellsten ist die Gans mit Kartoffeln gefüllt: 5–10 kleine Kartoffeln schälen, mit Kräutern einreiben, leicht salzen und pfeffern, die Gans damit füllen und zunähen oder zustecken.

Besonders attraktiv sieht das Gefüllte Kirchweihganserl aus, wenn Sie es im Ganzen anrichten und mit Petersilie überstreuen.

Böfflamot

Die bayerische Küche ist von benachbarten Ländern mit geprägt worden. Aus Böhmen kam die Liebe zu den Knödeln, aus Österreich die Lust auf Strudel, aus Italien Pavesen und aus Frankreich ein spezielles Schmorgericht. Dieses Bœuf à la mode ist nach bayerischer Art kurzerhand dem Dialekt zum Opfer gefallen und heißt jetzt Böfflamott. Unter letzterem Namen ist es schwer, sich vorzustellen, daß Rindfleisch (Bœuf) die Hauptzutat für diesen köstlichen Saftbraten bildet.

Zutaten für 4 Personen:
1 mittelgroße Zwiebel
2 Gewürznelken
2 Karotten
1 Stück Knollensellerie
1/2 Stange Lauch
5–8 Wacholderbeeren
2 Lorbeerblätter
5–8 Pfefferkörner
1 l Wasser
1/4 l Essig
1/8 l Rotwein
1 kg mageres Rindfleisch
Salz
2 Eßl. Butter
1 Saucenlebkuchen
1 Teel. Zucker
1 Eßl. Mehl
100 g Rahm

Für Gäste

Pro Portion etwa:
2400 kJ/570 kcal
53 g Eiweiß · 30 g Fett
18 g Kohlenhydrate

- Marinierzeit: 2–5 Tage
- Zubereitungszeit: etwa 2 Stunden (davon 1 1/2 Stunden Garzeit)

1. Die Zwiebel schälen, halbieren und mit den Gewürznelken spicken. Das Gemüse putzen beziehungsweise schälen und grob zerschneiden. Alles Gemüse, die Wacholderbeeren, die zerdrückten Lorbeerblätter und die Pfefferkörner mit dem Wasser, dem Essig und dem Rotwein aufkochen.

2. Das Rindfleisch unter fließendem, kaltem Wasser abspülen, trockentupfen und in eine größere Schüssel legen. Die kochende Beize über das Rindfleisch gießen. Das Gefäß abdecken und das Fleisch an einem kühlen Ort oder im Kühlschrank mindestens 2 Tage marinieren.

3. Nach 2–5 Tagen das Fleisch aus der Marinade nehmen. Die Beize in einen Kochtopf gießen und einige Male aufkochen. Das Fleisch in die kochende Beize einlegen, salzen und bei schwacher Hitze etwa 1 1/2 Stunden garen. Das gare Fleisch zum Nachziehen beiseite stellen. Die Beize durch ein Sieb passieren.

4. Die Butter erhitzen. Den Lebkuchen zerbröseln und mit dem Zucker einstreuen. Unter ständigem Rühren das Mehl einsieben, glattrühren und mit etwa 1/2 l Beizflüssigkeit aufgießen. Etwa 10 Minuten bei mittlerer Hitze köcheln lassen und nach Bedarf nochmals würzen. Mit dem Rahm verfeinern und das Fleisch in Scheiben einlegen.

Hirschgulasch mit Reherl

Wenn Sie den Alkohol weglassen möchten, nehmen Sie einfach mehr Brühe. Dazu passen Teigwaren aller Art, zum Beispiel Knödel, Kroketten, Spätzle, Nudeln oder auch Kartoffelgerichte.

Zutaten für 4 Personen:
1 kg Hirschfleisch
100 g geräucherter Speck
1 1/2 mittelgroße Zwiebeln
1 Teel. Butterschmalz
Paprikapulver, edelsüß
2 Eßl. Wacholderschnaps
100 ml Rotwein
1/4 l Brühe
Salz
1 Teel. getrockneter Thymian
einige Wacholderbeeren
schwarzer Pfeffer, frisch gemahlen
1 Kräutersträußchen
150 g frische Pfifferlinge
1 Eßl. Butter
weißer Pfeffer, frisch gemahlen
2 Eßl. Petersilie, frisch gehackt
3 Eßl. Preiselbeeren aus dem Glas
200 g Sauerrahm

Für Gäste • Spezialität

Pro Portion etwa:
2500 kJ/600 kcal
57 g Eiweiß · 34 g Fett
9 g Kohlenhydrate

- Zubereitungszeit: etwa 2 Stunden

1. Das Hirschfleisch in Würfel von etwa 2x2 cm schneiden. Den Speck fein würfeln. 1 Zwiebel schälen und hacken. Das Butterschmalz in einem breiten Topf erhitzen und den Speck und die Zwiebel darin anbraten. Nach einigen Minuten das Fleisch einlegen und von allen Seiten kräftig anbraten.

2. Leicht mit Paprikapulver überpudern und sofort mit dem Wacholderschnaps und dem Rotwein ablöschen. Öfter umrühren und mit der Brühe aufgießen. Mit Salz, dem Thymian, den Wacholderbeeren und Pfeffer würzen. Das Kräutersträußchen einlegen. Das Gulasch bei schwacher Hitze zugedeckt etwa 1 Stunde garen.

3. Nach etwa 40 Minuten die Pfifferlinge verlesen, säubern und größere eventuell halbieren. Die halbe Zwiebel schälen und hacken. Die Butter erhitzen und die Zwiebel und die Pilze einstreuen, leicht salzen und pfeffern. 10–15 Minuten bei mittlerer Hitze dünsten. Zuletzt die Petersilie unterheben.

4. Das Fleisch herausnehmen und in eine vorgewärmte Schüssel legen. Das Kräutersträußchen und die Wacholderbeeren entfernen. Den Fond einige Male aufkochen, dann die Hitze zurückdrehen. Mit den Preiselbeeren und dem Sauerrahm verfeinern. Eventuell nachwürzen und über das Fleisch gießen. Die Pfifferlinge obenauf setzen.

Gerollter Kalbsnierenbraten

Ein Festessen bei einer Bauernhochzeit sieht meist folgendermaßen aus: »Weißwürste vorm Kirchengehn«, dann frisch vermählt eine Leberknödelsuppe oder eine Hochzeitssuppe, die drei bis vier verschiedene Einlagen wie Brätnockerl, Grießnockerl, Bandnudeln und kleine Leberknödel enthält. Anschließend kommt »die Hauptsach«: der traditionelle Kalbsnierenbraten mit Knödel und frischem Gemüse. Die Nachspeis ist da variabler, das kann Eis mit Früchten, eine Bayerisch Creme oder etwas anderes sein.
Für einen schönen Kalbsnierenbraten benötigt man 1 ganze Kalbsniere. Sie wird mit dem ausgelösten Kalbfleisch eingerollt, so entsteht ein größerer Braten für mindestens 6 Personen. Versuchen Sie, den Braten fertig vorbereitet zu kaufen.

Zutaten für 10 Personen:
2 kg küchenfertiger Kalbsnierenbraten (vorbestellen)
500 g gehackte Kalbsknochen
Salz
weißer Pfeffer, frisch gemahlen
4 Scheiben geräucherter Speck
1 große Zwiebel
2 Karotten
1 kleines Stück Knollensellerie
2 Schwarzbrotrinden
1 Eßl. Butterschmalz
1/2 l Kalbsfond oder Brühe
4 Eßl. Sauerrahm

Für Gäste • Raffiniert

Pro Portion etwa:
1300 kJ/310 kcal
41 g Eiweiß · 14 g Fett
2 g Kohlenhydrate

- Zubereitungszeit: etwa 2 1/4 Stunden (davon 1 3/4 Stunden Bratzeit)

1. Den Backofen auf 200 ° vorheizen. Den Kalbsnierenbraten und die Kalbsknochen unter fließendem, kaltem Wasser waschen, trockentupfen, salzen und pfeffern.

2. Die Speckscheiben in kleine Würfel schneiden. Die Zwiebel schälen und in grobe Würfel schneiden. Die Karotten und den Sellerie schälen. Ebenfalls in grobe Stücke schneiden. Die Brotrinden in kleinere Stücke brechen.

3. In einem größeren Bräter das Butterschmalz erhitzen. Den Kalbsnierenbraten darin von allen Seiten kräftig bräunen. Nach und nach die Kalbsknochen, den Speck, die Zwiebel, die Karotten, den Sellerie und die Rinden einstreuen. Mit einem Kochlöffel die gerösteten Zutaten öfter umschichten.

4. Den Bräter nach etwa 10 Minuten in den Backofen schieben (Mitte; Umluft 180 °, Gas Stufe 2 1/2–3) und den Braten etwa 1 3/4 Stunden garen. Währenddessen das Fleisch ein paarmal mit kochend heißem Kalbsfond oder Brühe übergießen. Das Fleisch soll nicht austrocknen.

5. Den fertigen Braten aus dem Bräter nehmen. Auf eine Platte legen, zudecken und zum Nachziehen für etwa 10 Minuten zur Seite stellen.

6. Die Bratenflüssigkeit auf dem Herd einige Male aufkochen. Dann durch ein Sieb streichen und nochmals aufkochen. Gegebenenfalls etwas Wasser angießen oder mit Salz und Pfeffer nachwürzen. Zum Schluß mit dem Sauerrahm verfeinern.

7. Den ausgeflossenen Fleischsaft vom Braten unter die fertige Sauce rühren. Den Braten in etwa 1 cm dicke Scheiben schneiden und dachziegelartig auf einer vorgewärmten Fleischplatte anrichten. Die Sauce separat reichen.

Tip!

Sollten Sie Nieren nicht zu Ihren Lieblingsgerichten zählen, so würde ich Ihnen empfehlen, den Kalbsnierenbraten mit einem rohen Leberkäsbrät zu füllen. Weitere Abwandlungsmöglichkeiten: frisches Brät mit Frühlingsgemüse mischen oder spezielles Kalbsbrät vom Metzger.

Gerollter Kalbsnierenbraten hat in der bayerischen Küche lange Tradition für ganz besondre Gelegenheiten.

Schweinsbraten mit Biersauce

Zutaten für 4 Personen:
1 1/4 kg Schweinefleisch vom Hals
250 g gehackte Schweineknochen
Salz
schwarzer Pfeffer, frisch gemahlen
Paprikapulver, edelsüß
1 Eßl. Kümmel
1 Knoblauchzehe
2 mittelgroße Zwiebeln
1 große Karotte
100 g Knollensellerie · 1 Tomate
1/4 l dunkles Bier
1/2 l heiße Fleischbrühe
Zum Braten: Butterschmalz

Für Gäste

Pro Portion etwa:
3000 kJ/710 kcal
60 Eiweiß · 48 g Fett
8 g Kohlenhydrate

- Zubereitungszeit: etwa 2 Stunden (davon 1 1/2 Stunden Bratzeit)

1. Das Fleisch und die Knochen waschen, trockentupfen und mit Salz, Pfeffer, Paprika und dem Kümmel würzen. Den Knoblauch schälen, durchdrücken und auf dem Fleisch verteilen.

2. Den Backofen auf 200° vorheizen. Die Zwiebeln vierteln. Die Karotte waschen und in grobe Stücke schneiden. Den Sellerie schälen und grob würfeln. Die Tomate waschen und oben einritzen.

3. In einem größeren Bräter das Butterschmalz erhitzen. Den Braten in das heiße Fett legen und rundherum anbraten. Die Knochen und das Gemüse einstreuen. Den Braten im Backofen (Mitte; Umluft 180°, Gas Stufe 2 1/2–3) etwa 1 1/2 Stunden garen. Ein paarmal wenden und mit dem Bier übergießen.

4. Den Braten aus dem Bräter nehmen und zugedeckt in den abgeschalteten Backofen stellen.

5. Den Bratenfond mit der heißen Brühe aufgießen und auf dem Herd loskochen. Nach 5–10 Minuten durch ein Sieb passieren und ausdrücken. Den Fond nochmals aufkochen und gegebenenfalls nachwürzen.

6. Den Schweinsbraten aus dem Ofen nehmen und den ausgetretenen Saft in die Sauce gießen. Das Fleisch in dünne Scheiben schneiden und dachziegelartig auf der Platte anrichten. Nur mit wenig Sauce beträufeln. Die restliche Sauce separat servieren.

Surhaxn

Zutaten für 4 Personen:
2 mittelgroße gepökelte Schweinehaxen (beim Metzger vorbestellen)
1 kleine Zwiebel · 2 Gewürznelken
4 weiße Pfefferkörner
3 Wacholderbeeren
3 Eßl. Essig
1 kg mehligkochende Kartoffeln
Salz
50 g Butter
1 Teel. Kümmel

Für Gäste

Pro Portion etwa:
6300 kJ/1500 kcal
80 g Eiweiß · 120 g Fett
32 g Kohlenhydrate

- Zubereitungszeit: 3–3 1/2 Stunden (davon 2 1/2–3 Stunden Garzeit)

1. Die Schweinehaxen mit kaltem Wasser bedecken. Etwa 15 Minuten ruhen lassen.

2. Die Zwiebel schälen, halbieren und jede Hälfte mit 1 Gewürznelke spicken. Mit 3 l kaltem Wasser, den Pfefferkörnern, den Wacholderbeeren, dem Essig und den Schweinehaxen aufkochen lassen. Zudecken und bei schwacher Hitze in 2 1/2–3 Stunden garen.

3. Nach etwa 2 Stunden die Kartoffeln waschen, schälen und in Salzwasser garen.

4. Sobald sich das Schweinefleisch von den Knochen löst, die Haxen aus dem Kochsud nehmen. Das Fleisch von den Knochen lösen, auf vier tiefen Tellern verteilen und mit Brühe beträufeln.

5. Die Kartoffeln abgießen und grob zerstampfen. Die Butter in kleinen Stückchen zugeben. Mit dem Kümmel und Salz würzen. Als Beilage reichen.

Im Bild vorne: Schweinsbraten mit Biersauce
Im Bild hinten: Surhaxn

Hecht auf Rahmwirsing

Zutaten für 4 Personen:
4 Scheiben Hechtfilet à 150 g
Salz
Saft von 1 Zitrone
weißer Pfeffer, frisch gemahlen
1/2 Wirsingkopf
150 g geräucherter Speck
1 mittelgroße Zwiebel
1 Eßl. Butterschmalz
1/4 l heiße Brühe
2 Eßl. Mehl
3 Eßl. Butter
Muskatnuß, frisch gerieben
200 g Rahm
2 Eßl. Petersilie, frisch gehackt

Für Gäste

Pro Portion etwa:
2700 kJ/640 kcal
35 g Eiweiß · 52 g Fett
8 g Kohlenhydrate

- Zubereitungszeit: etwa 1 1/4 Stunden

1. Die Hechtfilets unter fließendem, kaltem Wasser waschen. Trockentupfen, leicht salzen, mit dem Zitronensaft säuern und leicht pfeffern. Etwa 30 Minuten ziehen lassen.

2. Inzwischen einen Topf mit reichlich Wasser zum Kochen aufstellen. Den Wirsing vom Strunk befreien, die Blätter in etwa 2x2 cm große Stücke schneiden. Gründlich waschen und ausschütteln. In das kochende Wasser legen, salzen und einige Minuten aufwallen lassen. Herausnehmen und abtropfen lassen.

3. Den Speck fein würfeln. Die Zwiebel schälen und hacken. Das Butterschmalz in einem großen Topf erhitzen und beides darin einige Minuten braten. Den Wirsing dazugeben, mit der Brühe aufgießen, salzen und pfeffern. Zugedeckt bei schwacher Hitze dünsten.

4. Inzwischen die Fischstücke im Mehl wenden, überschüssiges Mehl abklopfen. Die Butter erhitzen und den Hecht von beiden Seiten bei mittlerer Hitze goldgelb braten. Öfter mit dem Bratfett übergießen.

5. Den gedünsteten Wirsing mit Muskat und dem Rahm verfeinern. Nicht mehr kochen! Auf vorgewärmten Tellern großzügig verteilen und die Hechtscheiben darauf legen. Den Bratensatz mit der Petersilie bestreuen und auf die Hechtscheiben träufeln.

Donauwaller im Wurzelsud

Zutaten für 4 Personen:
300 ml Weißwein
100 ml Essig
1 Lorbeerblatt
2 Gewürznelken
1 Teel. Zucker
einige Pfefferkörner · 20 g Salz
1 mittelgroße Zwiebel
1 Stange Lauch
100 g Knollensellerie
1 Petersilienwurzel
800 g Waller (Wels) in 8 küchenfertigen Scheiben
1/2 Bund Petersilie, frisch gehackt

Für Gäste

Pro Portion etwa:
1800 kJ/430 kcal
31 g Eiweiß · 22 g Fett
6 g Kohlenhydrate

- Zubereitungszeit: etwa 1 Stunde

1. In einen größeren Topf 1 l Wasser, den Weißwein und den Essig gießen. Das Lorbeerblatt, die Nelken, den Zucker, die Pfefferkörner und das Salz hinzufügen. Die Zwiebel schälen, vierteln und dazugeben. Den Sud etwa 15 Minuten köcheln lassen.

2. Den Lauch längs halbieren, waschen und in dünne Streifen schneiden. Den Sellerie und die Petersilienwurzel schälen und passend zum Lauch schneiden. Alles in den Sud legen.

3. Den Fisch unter fließendem, kaltem Wasser gründlich waschen und leicht abtrocknen. In den vorbereiteten Sud legen. Nicht kochen, sondern 8–10 Minuten ziehen lassen.

4. Die fertigen Wallerstücke auf eine vorgewärmte Platte oder Form legen. Mit dem Gemüse belegen und mit dem Fischsud übergießen. Kräftig Petersilie darüber streuen.

Im Bild vorne: Hecht auf Rahmwirsing
Im Bild hinten: Donauwaller im Wurzelsud

Saiblinge mit Krebsbutter

Es ist noch gar nicht solange her, da gehörten Krebssuppe und Krebsbutter zu den bayerischen »Schmankerln«, denn die Flüsse und Seen hatten Krebse im Überfluß. Prinzregent Luitpold aß die Saiblinge am liebsten mit frischer Krebsbutter.

Zutaten für 4 Personen:
300 ml trockener Weißwein
Salz
1 Eßl. Essig
Saft von 1 Zitrone
einige Petersilienstengel
4 küchenfertige Saiblinge
80 g Butter
50 g Krebsbutter (im Fisch-Fachgeschäft)
1 Bund Petersilie, frisch gehackt
4 Zitronenhälften

Raffiniert • Für Gäste

Pro Portion etwa:
3450 kJ/800 kcal
102 g Eiweiß · 40 g Fett
3 g Kohlenhydrate

- Zubereitungszeit: etwa 40 Minuten

1. Aus etwa 1 1/2 l Wasser, dem Weißwein, Salz, dem Essig und dem Zitronensaft einen Sud anrühren und zum Kochen aufstellen. Die Petersilienstengel waschen und in den Topf geben. Den Sud einige Minuten durchkochen.

2. Die Saiblinge unter fließendem, kaltem Wasser gründlich waschen. In den Sud einlegen und etwa 20 Minuten ziehen lassen.

3. Die Butter mit der Krebsbutter vermischen und bei schwacher Hitze in einem Pfännchen langsam zergehen lassen. Die Petersilie untermischen.

4. Die fertigen Saiblinge mit ein wenig Sud servieren. Die Krebsbutter und die Zitronenhälften separat reichen.

Gedünstete Renken

Renken (oder Felchen) kommen aus nordeuropäischen und aus Alpenseen. Sie können auch Forelle oder tiefgefrorenen Süßwasserfisch verwenden.

Zutaten für 4 Personen:
800 g gehäutete Renkenfilets
Saft von 1 Zitrone
2 Karotten
1 Lauchstange
1 1/2 Eßl. Butter
Salz
weißer Pfeffer, frisch gemahlen
200 g Rahm
1/2 Bund Petersilie, frisch gehackt

Raffiniert

Pro Portion etwa:
1800 kJ/430 kcal
38 g Eiweiß · 27 g Fett
6 g Kohlenhydrate

- Zubereitungszeit: etwa 50 Minuten

1. Die Renkenfilets säubern und trockentupfen. Mit dem Zitronensaft beträufeln und etwa 20 Minuten ziehen lassen. Den Backofen auf 180° vorheizen.

2. Die Karotten schälen und in feine Stifte schneiden. Den Lauch längs halbieren, waschen und quer in dünne Streifen schneiden. In einer Pfanne 1 Eßlöffel Butter erhitzen. Darin das Gemüse einige Minuten andünsten. Leicht salzen und pfeffern. Auf dem Boden einer feuerfesten Form verteilen.

3. Die Fischfilets auf beiden Seiten salzen, auf das Gemüsebett legen und mit der restlichen Butter in Flöckchen belegen. Den Fisch in den Backofen (Mitte; Umluft 160°, Gas Stufe 2–2 1/2) schieben. Nach etwa 5 Minuten mit dem Rahm übergießen. Weitere 15 Minuten im Ofen lassen. Zuletzt mit der Petersilie bestreuen und in der Form servieren. Salzkartoffeln und frische Salate schmecken am besten dazu.

Im Bild vorne: Saiblinge mit Krebsbutter
Im Bild hinten: Gedünstete Renken

Blaukraut mit Preiselbeeren

Es schmeckt eher süßlich und harmoniert am besten zu Wild.

Zutaten für 4–5 Personen:
1 kg Blaukraut (Rotkohl) · Salz
2 mittelgroße Zwiebeln · 2 Äpfel
3 Eßl. Butterschmalz
3 Eßl. Rotweinessig
300 ml Rotwein · 100 ml Brühe
4 Gewürznelken · 2 Lorbeerblätter
1 Eßl. Zucker
weißer Pfeffer, frisch gemahlen
100 g Preiselbeeren aus dem Glas

Gelingt leicht

Bei 5 Personen pro Portion etwa:
860 kJ/225 kcal
4 g Eiweiß · 7 g Fett
28 g Kohlenhydrate

- Zubereitungszeit: etwa 1 3/4 Stunden

1. Den Krautkopf vierteln und ohne den Strunk in mittelfeine Streifen schneiden, leicht salzen und mit den Händen kurz durchwirken. Die Zwiebeln schälen und in Streifen schneiden. Die Äpfel schälen, von den Kerngehäusen befreien und passend zu den Zwiebeln schneiden.

2. Das Butterschmalz in einem größeren Topf erhitzen. Die Zwiebel- und Apfelstreifen einstreuen. Nach einigen Minuten mit dem Essig ablöschen. Das Kraut zugeben und bei mittlerer Hitze etwa 5 Minuten dünsten. Den Wein, die Brühe, die Würzzutaten und die Preiselbeeren untermengen. Zugedeckt bei schwacher Hitze in etwa 1 Stunde garen.

Kartoffelgemüse

Zutaten für 4 Personen:
1 l Fleischbrühe
2 mittelgroße Zwiebeln
4 Wacholderbeeren
2 Lorbeerblätter
2 Gewürznelken
1 kg Salzkartoffeln vom Vortag
Salz
50 g Butter
2 Eßl. Mehl · 1 Eßl. Zucker
5 Eßl. Essig
weißer Pfeffer, frisch gemahlen
2 Eßl. Petersilie, frisch gehackt

Gelingt leicht • Preiswert

Pro Portion etwa:
1200 kJ/290 kcal
6 g Eiweiß · 12 g Fett
42 g Kohlenhydrate

- Zubereitungszeit: etwa 40 Minuten

1. Die Brühe erhitzen. Die Zwiebeln schälen und achteln. Mit den Wacholderbeeren, den Lorbeerblättern und den Nelken in die Brühe geben und etwa 10 Minuten köcheln lassen. Durch ein Sieb gießen.

2. Inzwischen die Kartoffeln in Würfel schneiden. Die Butter in einem breiten Topf erhitzen. Das Mehl und den Zucker einrühren und zu einer hellen Schwitze rühren. Die Suppe und den Essig einrühren. Einige Minuten köcheln lassen. Nach dem ersten Aufkochen die Kartoffeln dazugeben, salzen und pfeffern. Etwa 10 Minuten bei schwacher Hitze kochen lassen. Mit der Petersilie garnieren.

Krautsalat

Zutaten für 4 Personen:
800 g Weißkraut
1 mittelgroße Zwiebel
Salz
100 g roher Schinken
1 Teel. Butterschmalz
200 ml heiße Fleischbrühe
6 Eßl. Essig · 6 Eßl. Öl
weißer Pfeffer, frisch gemahlen
1 Eßl. Kümmel · 1 Teel. Zucker

Preiswert

Pro Portion etwa:
1100 kJ/260 kcal
7 g Eiweiß · 23 g Fett
11 g Kohlenhydrate

- Zubereitungszeit: etwa 40 Minuten
- Ruhezeit: 1 Stunde

1. Das Weißkraut säubern und fein hobeln. Die Zwiebel schälen und hacken. Beides mit Salz in einer großen Schüssel mit den Händen durchwirken.

2. Den Schinken klein würfeln. Das Butterschmalz erhitzen und den Schinken darin einige Minuten braten. Mit der heißen Brühe aufgießen, aufkochen lassen und über das Kraut gießen. Aus dem Essig, dem Öl, Pfeffer, dem Kümmel und dem Zucker eine pikante Marinade herstellen. Unter das Kraut mengen. Den Salat etwa 1 Stunde ziehen lassen.

Im Bild vorne: Krautsalat
Im Bild Mitte: Kartoffelgemüse
Im Bild hinten:
Blaukraut mit Preiselbeeren

Semmelknödel mit Egerlingen

Der bayerische Komiker und Schauspieler Karl Valentin war ein großer Knödelfan. Von ihm stammt der bekannte Knödel-Schwank mit Liesl Karlstadt, der sich um die Frage dreht: heißt es nun »Semmelknödel« oder »Semmelnknödeln«? Die Antwort ist bis heute offen.

Zutaten für 4 Personen:

Für die Knödel:
- *8–10 Semmeln vom Vortag*
- *oder 300 g geschnittenes Knödelbrot*
- *1/4 l heiße Milch*
- *1 mittelgroße Zwiebel*
- *1 Eßl. Butter*
- *1 Eßl. Petersilie, frisch gehackt*
- *Salz*
- *2 Eier*
- *weißer Pfeffer, frisch gemahlen*
- *Zum Überstäuben: Mehl*

Für die Pilze:
- *600 g frische Egerlinge*
- *1 mittelgroße Zwiebel*
- *3 Eßl. Butter*
- *Salz*
- *weißer Pfeffer, frisch gemahlen*
- *2 Eßl. Petersilie, frisch gehackt*
- *2 Eßl. Mehl*
- *1/4 l trockener Weißwein*
- *1/2 l Brühe*
- *200 g Rahm*
- *Petersilienröschen für die Garnitur*

Preiswert • Schnell

Pro Portion etwa:
2700 kJ/620 kcal
18 g Eiweiß · 36 g Fett
50 g Kohlenhydrate

- Zubereitungszeit: etwa 40 Minuten

1. Für die Knödel die Semmeln halbieren und quer in dünne Scheiben schneiden. In eine Schüssel legen, mit der Milch übergießen und zudecken. Die Zwiebel schälen und hacken.

2. In einer Pfanne die Butter erhitzen und darin die Zwiebelwürfel glasig braten. Die Petersilie einstreuen und die Pfanne vom Herd ziehen. Einen größeren Topf mit Salzwasser zum Kochen aufstellen.

3. Die Semmeln mit dem Pfanneninhalt, den Eiern, Salz und Pfeffer vermengen. Sollte der Knödelteig zu naß sein, dann leicht mit Mehl bestäuben. Aus dem Teig mit nassen Händen acht kleine Knödel formen und in das siedende Salzwasser legen. Etwa 15 Minuten ziehen, aber auf keinen Fall kochen lassen!

4. Für die Pilze die Egerlinge putzen, dabei größere eventuell halbieren. Die Zwiebel schälen und hacken.

5. In einer Pfanne 1 Eßlöffel Butter zergehen lassen. Die Zwiebelwürfel und die Egerlinge einstreuen. Etwa 10 Minuten dünsten, dabei salzen und pfeffern. Die Petersilie unterheben.

6. Inzwischen die restliche Butter erhitzen, das Mehl einrühren und unter kräftigem Rühren eine helle Mehlschwitze herstellen. Mit dem Weißwein und der Brühe aufgießen und aufkochen lassen. Salzen und pfeffern.

7. Die gedünsteten Pilze unter die weiße Sauce mischen. Den Rahm unterrühren, gegebenenfalls nachwürzen und nicht mehr kochen lassen!

8. Die Rahm-Egerlinge auf vier vorgewärmte, tiefe Teller verteilen. Je 2 kleine Knödel in die Mitte setzen und mit Petersilienröschen garnieren.

Tip!

Sollten Sie einmal zu viele Knödel hergestellt haben, so ist das kein Problem. Schneiden Sie am nächsten Tag die Knödel in Scheiben. In heißer Butter von beiden Seiten knusprig anbraten. Salzen und pfeffern. Für ein Pilzgericht oder zum Braten verwenden.

Varianten:
Semmelknödel-Insider mischen gerne unter die Knödelmasse 1 Löffel weiches Rindermark. Das macht die Knödel besonders geschmeidig. Übrigens werden die Knödel mit einer Gabel »zerrissen«, so nehmen sie besser die Sauce auf. Nur »Preußen« verwenden zum Knödelessen Messer und Gabel! Sollte Ihnen mal nach was anderem als Knödeln zumute sein, mischen Sie in den Teig viele frische Kräuter. Stellen Sie daraus kleine »Pflanzerl« her und braten Sie sie in viel Butter knusprig und goldgelb.

Bayerisch Kraut

Zutaten für 4 Personen:
1 kg Weißkraut
1 mittelgroße Zwiebel
2 Eßl. Schweineschmalz
1 Eßl. Zucker
Salz
weißer Pfeffer, frisch gemahlen
Kümmel
400 ml Brühe
1 Eßl. Weißweinessig

Preiswert

Pro Portion etwa:
630 kJ/150 kcal
4 g Eiweiß · 8 g Fett
17 g Kohlenhydrate

- Zubereitungszeit: etwa 1 1/4 Stunden

1. Den Krautkopf vierteln und dabei den Strunk abschneiden. Die Viertel in Rauten von etwa 2×1 1/2 cm schneiden, waschen und über einem Sieb abtropfen lassen. Die Zwiebel schälen und hacken.

2. In einem größeren, breiten Topf das Schweineschmalz erhitzen und den Zucker darin bei mittlerer Hitze schmelzen lassen. Die Zwiebel einstreuen und dabei laufend umrühren. Den gut abgetropften Weißkohl hinzufügen und mit Salz, Pfeffer und reichlich Kümmel würzen. Mit der Brühe und etwas Wasser übergießen. Den Topf zudecken und das Kraut bei schwacher Hitze etwa 50 Minuten dünsten.

3. Das fertige Bayerisch Kraut mit dem Weißweinessig beträufeln und nach Geschmack nochmals nachwürzen.

Mohnspätzle mit warmer Butter

Zutaten für 4 Personen:
400 g Mehl
Salz
4 Eier
200 ml Mineralwasser
50 g Mohnsamen
3 Eßl. Butter

Preiswert • Spezialität

Pro Portion etwa:
2400 kJ/570 kcal
16 g Eiweiß · 21 g Fett
80 g Kohlenhydrate

- Zubereitungszeit: etwa 40 Minuten

1. Das Mehl und das Salz in eine Schüssel sieben. Die Eier einschlagen, das Mineralwasser dazurühren und einen glatten Teig herstellen. Erst zuletzt den Mohn einrieseln lassen. Der Spätzleteig ist fertig, wenn er zäh vom Löffel reißt.

2. Einen breiten Topf mit genügend Wasser und 1 Prise Salz zum Kochen aufstellen. Neben dem Herd eine Schüssel mit kaltem Wasser bereitstellen.

3. Geübte können den Teig portionsweise flott vom Holzbrett ins kochende Wasser schaben. Oder Sie schaben den Teig kellenweise durch einen Spätzlehobel ins Wasser. Die Spätzle einige Minuten aufwallen lassen. Mit einem Schaumlöffel herausnehmen und in die Schüssel mit kaltem Wasser legen. Anschließend über einem Sieb gut abtropfen lassen.

4. Die Butter in einer breiten Pfanne erhitzen und die Spätzle darin schwenken. In der Pfanne servieren.

Tip!

Sie können die Mohnsamen stat in den Teig auch einfach in die heiß schäumende Butter geben.

Im Bild vorne: Mohnspätzle mit warmer Butter
Im Bild hinten: Bayerisch Kraut

Kartoffelzipfe

Dieses Schmankerl kommt aus Grünwald bei München. Die angegebene Menge reicht als Beilage für einen schönen Braten, bei dem es viel Sauce »zum Aufwischen« gibt.

Zutaten für 4 Personen:
750 g mehligkochende Kartoffeln
Salz
150 g durchwachsener Speck
1 mittelgroße Zwiebel
1 Teel. Butter
2 Eigelb
150 g rohes Sauerkraut
weißer Pfeffer, frisch gemahlen
Muskatnuß, frisch gerieben
3 Eßl. Mehl
1 Eßl. Petersilie, frisch gehackt
3 Eßl. Schweineschmalz
Für die Arbeitsfläche: Mehl

Preiswert

Pro Stück etwa:
2200 kJ/520 kcal
10 g Eiweiß · 40 g Fett
33 g Kohlenhydrate

- Zubereitungszeit: etwa 2 Stunden (davon 1 Stunde Kühlzeit)

1. Die Kartoffeln waschen, schälen und in wenig Salzwasser in etwa 20 Minuten garen. Abgießen und etwa 5 Minuten ausdampfen lassen. Durch eine Kartoffelpresse drücken und abkühlen lassen.

2. Den Speck fein würfeln. Die Zwiebel schälen und klein würfeln. Die Butter in einer Pfanne erwärmen. Die Speck- und die Zwiebelwürfel darin bei mittlerer Hitze glasig braten.

3. Die Eigelbe unter die lauwarme Kartoffelmasse rühren. Das Sauerkraut, Salz, Pfeffer, Muskat, das Mehl, die Petersilie und die Speck- und Zwiebelwürfel untermischen.

4. Auf einer bemehlten Arbeitsfläche aus dem Teig zwölf dicke Würste, sogenannte »Zipfe«, formen. Diese auf einen Teller legen, mit etwas Mehl überstäuben und etwa 1 Stunde in den Kühlschrank stellen.

5. Das Schweineschmalz in einer Pfanne erhitzen und die Zipfe bei mittlerer Hitze von allen Seiten knusprig braten.

Spargel mit Eiersauce

Zutaten für 4 Personen:
2 kg Spargel
Salz
150 g flüssige Butter
Saft von 1 1/2 Zitronen
1 Teel. Zucker
4 Eigelb
3 Eßl. trockener Weißwein
weißer Pfeffer, frisch gemahlen
2 Eßl. Petersilie, frisch gehackt

Für Gäste

Pro Portion etwa:
1800 kJ/430 kcal
10 g Eiweiß · 38 g Fett
10 g Kohlenhydrate

- Zubereitungszeit: etwa 1 Stunde

1. Den Spargel schälen und dabei holzige Stellen und die Enden wegschneiden. Einen breiten Topf mit reichlich Wasser zum Kochen aufstellen. Salz, 1 Eßlöffel Butter, die Hälfte des Zitronensafts und den Zucker hinzufügen. Den Spargel in das kochende Wasser einlegen und in etwa 15 Minuten bißfest garen.

2. Inzwischen die Eigelbe mit dem Weißwein in einer hitzebeständigen Schüssel verkleppern.

3. Die Schüssel auf den Kochtopf vom Spargel setzen. Die Eiermasse mit einem Schneebesen kräftig und schnell aufschlagen. Es soll eine luftige Creme entstehen.

4. Die Schüssel mit der Eiercreme auf ein feuchtes Tuch stellen. Unter heftigem Schlagen die restliche Butter tropfenweise untermischen. Zuletzt die Eier-Buttersauce mit Salz, Pfeffer und dem restlichen Zitronensaft würzen. Die Petersilie unterheben.

5. Den Spargel aus dem Sud heben und auf einer großen Platte anrichten. Die Sauce separat reichen.

Tip!

Dazu schmecken neue Kartoffeln am besten. Den Spargelsud und die Schalen für eine Suppe aufbewahren.

Im Bild vorne: Spargel mit Eiersauce
Im Bild hinten: Kartoffelzipfe

Münchner Apfelstrudel

Zutaten für 4 Personen:
200 g Mehl
Salz
100 ml lauwarmes Wasser
3 Eßl. Öl
800 g säuerliche Äpfel (Boskop)
Saft von 1 Zitrone
100 g Rosinen
100 g Zucker
3 Eßl. Rum nach Belieben
100 g Sauerrahm
2 Eßl. flüssige Butter
200 g Rahm
Für die Backform: Butter
Zum Ausrollen: Mehl
Zum Bestäuben: Puderzucker

Für Gäste

Pro Portion etwa:
3000 kJ/725 kcal
7 g Eiweiß · 32 g Fett
103 g Kohlenhydrate

- Zubereitungszeit: etwa 2 Stunden

1. Das Mehl auf eine Arbeitsfläche sieben. Leicht salzen und in die Mitte eine Vertiefung drücken. Das Wasser und das Öl rasch einarbeiten. Es soll ein glatter Teig entstehen. Diesen in Frischhaltefolie wickeln und etwa 30 Minuten ruhen lassen.

2. Inzwischen die Äpfel schälen. In Viertel schneiden, von den Kerngehäusen befreien und in dünne Scheiben schneiden. In eine Schüssel legen und mit dem Zitronensaft beträufeln. Mit den Rosinen und dem Zucker überstreuen. Den Rum darüber träufeln. Den Backofen auf 200 ° vorheizen.

3. Ein Backblech oder eine Bratreine ausbuttern. Ein Tuch mit Mehl bestäuben. Den Strudelteig darauf dünn ausrollen und mit dem Sauerrahm bestreichen. Die Apfelmischung 8–10 cm vom Teigrand entfernt anrichten. Den Teigrand darüber klappen. Mit dem Tuch schnell aufrollen und in die Form geben. Mit der Butter bepinseln.

4. In den Backofen (Mitte; Umluft 180 °, Gas Stufe 2 1/2–3) schieben und etwa 50 Minuten backen. Dabei öfter mit Rahm beträufeln, bis er aufgebraucht ist. Den fertigen Apfelstrudel aus dem Ofen nehmen und mit Puderzucker überstäuben. Heiß oder kalt genießen!

Apfelkiacheln im Bierteig

Wenn Sie die Küchlein für Kinder backen, nehmen Sie statt Bier und Rum Mineralwasser pur oder mit Apfelsaft gemischt.

Zutaten für 4 Personen:
4 mittelgroße Äpfel
Saft von 1 Zitrone
2 Eßl. Rum nach Belieben
2 Eiweiß
200 g Mehl
Salz
50 g Zucker
2 Eigelb
1 Eßl. Öl
1/4 l helles Bier
500 g Butterschmalz
Zum Bestäuben: Puderzucker

Preiswert • Für Gäste

Pro Portion etwa:
2600 kJ/620 kcal
8 g Eiweiß · 31 g Fett
79 g Kohlenhydrate

- Zubereitungszeit: etwa 40 Minuten

Variante:
Je nach Saison den Backteig für andere Spezialitäten, zum Beispiel für Holunderblütendolden, für Pflaumen oder für Zucchiniblüten, verwenden. Sie müssen nur beim Gemüse den Zucker weglassen.

1. Die Äpfel waschen, schälen und die Kerngehäuse großzügig ausstechen. Die Äpfel quer in 1/2–1 cm dicke Scheiben schneiden und in eine Schüssel legen. Mit dem Zitronensaft und dem Rum beträufeln. Die Eiweiße zu steifem Schnee schlagen und bis zum Gebrauch in den Kühlschrank stellen.

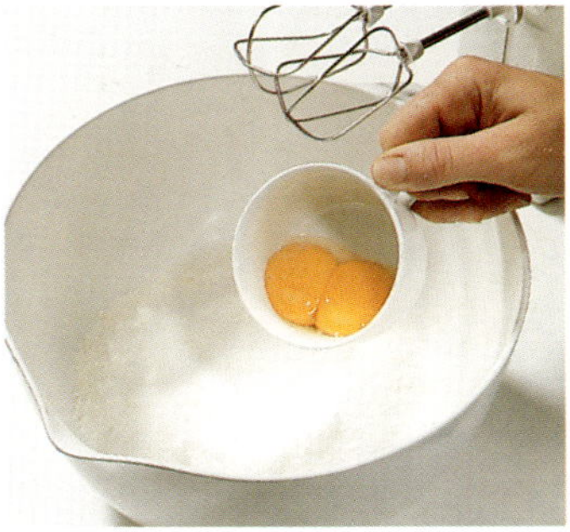

2. Das Mehl mit 1 Prise Salz in eine Schüssel sieben. Den Zucker einrieseln lassen und die Eigelbe hinzufügen. Das Öl und das Bier mit den Quirlen des Handrührgeräts einrühren. Den Eischnee unter den dickflüssigen Backteig heben.

3. Das Butterschmalz in einer tiefen Pfanne erhitzen. Die marinierten Apfelringe einzeln durch den Backteig ziehen und sofort in das siedende Butterschmalz gleiten lassen. Schwimmend von jeder Seite in 1–2 Minuten goldgelb backen.

4. Die Apfelringe mit einem Schaumlöffel aus dem Fett heben und auf Küchenpapier entfetten. Auf einen Teller legen, mit Puderzucker überstäuben und servieren.

Hasenöhrl

Zutaten für etwa 25 Stück:
400 g Mehl
2 Eier
2 Eigelb
3 Eßl. Rahm
3 Eßl. Sauerrahm
100 g kalte Butter
100 g Zucker
Salz
500 g Butterschmalz
Für die Arbeitsfläche: Mehl
Zum Bestäuben: Puderzucker

Preiswert

Pro Stück etwa:
660 kJ/160 kcal
2 g Eiweiß · 9 g Fett
17 g Kohlenhydrate

- Zubereitungszeit: etwa 1 1/2 Stunden (davon 1/2 Stunde Ruhezeit)

1. Das Mehl in eine Schüssel sieben. Die Eier, die Eigelbe, den Rahm, den Sauerrahm und die Butter in Stückchen hinzufügen. Den Zucker einrieseln lassen und leicht salzen. Einen mittelfesten Knetteig herstellen und diesen für etwa 30 Minuten in den Kühlschrank stellen.

2. Den Teig auf eine bemehlte Arbeitsfläche legen und messerrückendick auswellen. Mit einem Teigrädchen längliche Rauten ausradeln. Jede Raute oben und unten längs 1–2 cm einschneiden.

3. Das Butterschmalz in einer Friteuse oder in einem breiten Topf erhitzen. Die Hasenohren in das sehr heiße Fett einlegen und von beiden Seiten goldgelb und knusprig backen. Dabei bläht sich das Gebäck auf. Mit einem Schaumlöffel herausnehmen und auf Küchenpapier entfetten.

4. Die knusprigen Hasenohren kräftig mit Puderzucker überstäuben. Sofort heiß oder lauwarm genießen. Dieses Fettgebäck eignet sich nicht für längeres Aufbewahren.

Bayerisch Creme mit Hollerschnaps

Eine gut gemachte Bayerisch Creme erfordert Fingerspitzengefühl, denn schnell kann eine grießige oder flüssige Masse entstehen. Ich empfehle Ihnen daher, bevor Sie Gäste einladen, erstmal einen Probelauf zu starten.

Zutaten für 6 Personen:
250 g Rahm
4 Blatt weiße Gelatine
Mark von 1 Vanilleschote
1/4 l Milch
3 Eigelb
60 g Zucker
4 Eßl. Hollunderschnaps
2 Eßl. Raspelschokolade

Preiswert • Für Gäste

Pro Portion etwa:
1100 kJ/260 kcal
5 g Eiweiß · 19 g Fett
16 g Kohlenhydrate

- Zubereitungszeit: etwa 2 3/4 Stunden (davon 2 Stunden Kühlzeit)

1. Den Rahm steif schlagen und bis zum Gebrauch kühl stellen. Die Gelatine in kaltem Wasser einweichen. Die Vanilleschote halbieren, das Mark herauskratzen und in der Milch zum Kochen aufstellen. In einem weiteren Topf Wasser für ein Wasserbad erhitzen.

2. Die Eigelbe und den Zucker kräftig vermischen. Die kochende Milch durch ein Haarsieb unter fortwährendem Rühren in die Eiermasse gießen. Über dem heißen Wasserbad schlagen, bis die Masse bindet und dadurch eine dickere Konsistenz erreicht.

3. Die Gelatine gut ausdrücken, in die Creme rühren und mit dem Hollerschnaps parfümieren.

4. Die Creme kalt rühren, am besten über einer Schüssel Eis oder in einem kalten Wasserbad. Den Rahm unterheben. In Portionsschälchen oder in eine Servierschüssel füllen. Mit der Schokolade garnieren und für etwa 2 Stunden in den Kühlschrank stellen.

Tip!

Eine Bayerisch Creme ist die ideale Grundlage für -zig Abwandlungen. Das kann mit Likören, frischen Früchten, Kakao, Nüssen oder Kaffee erreicht werden.

Im Bild vorne: Hasenöhrl
Im Bild hinten:
Bayerisch Creme mit Hollerschnaps

Auszogne

Zutaten für 20 Stück:
500 g Mehl
30 g Hefe
1/4 l warme Milch
50 g Zucker
40 g zimmerwarme Butter
3 Eier
Salz
1 kg Backfett
Für die Arbeitsfläche: Mehl
Zum Bestäuben: Puderzucker

Für Gäste

Pro Stück etwa:
880 kJ/210 kcal
3 g Eiweiß · 11 g Fett
23 g Kohlenhydrate

- Zubereitungszeit: etwa 3 Stunden (davon 2 Stunden Ruhezeit)

1. Das Mehl in eine Rührschüssel sieben und in der Mitte eine Mulde formen. Die Hefe in eine Schüssel bröseln und mit der Milch aufgießen. Den Zucker einrieseln lassen und das Ganze glattrühren. Die Hefemilch in die Mehlmulde gießen und mit Mehl leicht überstäuben. Auf den Mehlrand die Butter in kleinen Stückchen und die Eier setzen. Den Vorteig abdecken und an einem warmen Ort etwa 30 Minuten gehen lassen.

2. Den Vorteig mit 1 Prise Salz kräftig verkneten. Diesen mittelfesten Teig nochmals abdecken und an einem warmen Ort etwa 1 Stunde ruhen lassen.

3. Den Hefeteig ein paarmal durchkneten. Mit einem Eßlöffel Teigstücke abtrennen und diese mit der Hand leicht flachdrücken. Die Krapfen auf eine bemehlte Arbeitsfläche legen, nur leicht mit Mehl überstäuben und abdecken. Etwa 30 Minuten ruhen lassen.

4. In einer größeren Pfanne oder in einer Friteuse das Backfett erhitzen. Die Krapfen so durch die Finger ziehen, daß in der Mitte der Teig hauchdünn und die Ränder wulstig werden. In das heiße Backfett gleiten lassen. Von beiden Seiten goldgelb und knusprig backen. Die fertigen Krapfen in ein Sieb zum Entfetten legen. Anschließend mit Puderzucker überstäuben.

Osterzopf mit Mandeln

Zutaten für 1 Zopf:
500 g Mehl
30 g Hefe
200 ml lauwarme Milch
100 g Zucker
50 g zimmerwarme Butter in Flöckchen
1 zimmerwarmes Eigelb
100 g gehobelte Mandeln
2 Eßl. flüssige Butter
100 g Puderzucker
3 Eßl. Rum nach Belieben
2 Eßl. Zitronensaft

Braucht etwas Zeit

Bei 12 Stück pro Stück etwa:
1420 kJ/330 kcal
6 g Eiweiß · 12 g Fett
52 g Kohlenhydrate

- Zubereitungszeit: etwa 2 1/4 Stunden (davon 1 3/4 Stunden Ruhezeit)

1. Das Mehl in eine Schüssel sieben und in der Mitte eine Mulde bilden. Die Hefe hineinbröseln und mit der lauwarmen Milch übergießen. 1 Eßlöffel Zucker hinzufügen und alles leicht mit Mehl überstäuben. Auf den Mehlrand den restlichen Zucker streuen, die Butterflöckchen und das Eigelb setzen. Die Schüssel abdecken und etwa 30 Minuten an einen warmen Ort stellen.

2. Den gegangenen Teig mit dem Knethaken der Küchenmaschine zu einem mittelfesten Teig verarbeiten. Die Mandeln einstreuen, gründlich untermischen. Den Teig nochmals abgedeckt etwa 1 Stunde ruhen lassen.

3. Ein Backblech mit einem Teil der flüssigen Butter bepinseln. Den Hefeteig in drei gleichmäßige Stücke teilen und diese zu Strängen drehen. Daraus einen festen Zopf flechten, die Enden gut zusammendrücken. Auf das Blech setzen und mit der flüssigen Butter einpinseln. Etwa 15 Minuten ruhen lassen. Den Backofen auf 180 ° vorheizen. Den Zopf im Backofen (Mitte; Umluft 180 °, Gas Stufe 2–2 1/2) etwa 50 Minuten backen.

4. Den Puderzucker mit dem Rum und dem Zitronensaft glatt rühren. Den leicht abgekühlten Hefezopf mit dieser Glasur überziehen.

Bild oben: Auszogne
Bild unten: Osterzopf mit Mandeln

Zwetschgenpavesen

Zutaten für 4 Personen:
6 Eßl. Pflaumenkonfitüre
8 Scheiben Weißbrot
50 g Mehl
375 ml Milch
2 Eier · Salz
100 g Butterschmalz
Zum Bestäuben: Puderzucker und Zimtpulver

Schnell

Pro Portion etwa:
1800 kJ/430 kcal
12 g Eiweiß · 17 g Fett
58 g Kohlenhydrate

- Zubereitungszeit: etwa 30 Minuten

1. Die Konfitüre auf vier Brotscheiben üppig verteilen. Die anderen vier Scheiben obenauf setzen. Je einen Doppeldecker quer halbieren.

2. Das Mehl in eine Rührschüssel sieben. Nach und nach die Milch zurühren. Die Eier und das Salz unterschlagen.

3. In einer größeren Pfanne einen Teil des Butterschmalzes erhitzen. Die Brote mit Hilfe eines Schaumlöffels durch den Teig ziehen und sofort in das heiße Fett geben. Umdrehen und das restliche Fett hinzufügen. Die Pavesen von beiden Seiten knusprig und goldgelb backen. Herausnehmen und auf Küchenpapier entfetten. Auf beiden Seiten mit Puderzucker und Zimt bestäuben. Heiß genießen!

Topfenstrudel

Zutaten für 4 Personen:
300 g Mehl
Salz
1 Ei
75 g flüssige Butter
100 ml warmes Wasser
1 Eßl. Öl
2 Eiweiß
50 g zimmerwarme Butter
2 Eigelb
100 g Zucker
1 Päckchen Vanillezucker
500 g Topfen (20%)
100 g Rahm
100 g Rosinen
Saft von 1/2 Zitrone
Für die Backform: Fett
Zum Ausrollen: Mehl
Zum Überstäuben: Puderzucker

Für Gäste • Preiswert

Pro Portion etwa:
4030 kJ/950 kcal
29 g Eiweiß · 48 g Fett
105 g Kohlenhydrate

- Zubereitungszeit: etwa 2 Stunden

1. Das Mehl mit 1 Prise Salz auf eine Arbeitsplatte sieben. In der Mitte eine Grube bilden, dort das Ei hineinschlagen. Rasch unter Zugabe von 2 Eßlöffeln Butter und des Wassers einen geschmeidigen Teig herstellen. Diesen zu einem Kloß formen, mit dem Öl bepinseln und mit einem feuchten Tuch abdecken. Etwa 30 Minuten ruhen lassen.

2. Inzwischen die Eiweiße steif schlagen und in den Kühlschrank stellen. Den Backofen auf 200° vorheizen.

3. Die 50 g Butter und die Eigelbe mit dem Zucker und dem Vanillezucker schaumig schlagen. Nach und nach den Topfen und den Rahm untermengen. Die Rosinen und den Zitronensaft einrühren.

4. Eine größere, feuerfeste Form oder ein Backblech fetten. Ein feuchtes Tuch auf eine Arbeitsplatte legen und leicht mit Mehl überstäuben. Den Teig auf dieser Fläche dünn auswellen. Die Ränder mit den Händen noch weiter ausziehen.

5. Den Eischnee unter den Quarkteig heben und diesen längs auf den Strudelteig streichen. Darauf achten, daß am Rand genügend Platz frei bleibt. Die Ränder einschlagen, den Strudel mit Hilfe des Tuches aufrollen und in die Form gleiten lassen. Mit flüssiger Butter üppig bepinseln.

6. Den Strudel im Backofen (Mitte; Umluft 180°, Gas Stufe 2 1/2–3) etwa 1 Stunde backen. Zwischendurch mit der restlichen Butter bepinseln.

7. Den fertigen Strudel herausnehmen und etwa 15 Minuten abkühlen lassen. In Portionen schneiden, auf Teller legen und mit Puderzucker überstäuben.

Im Bild vorne: Zwetschgenpavesen
Im Bild hinten: Topfenstrudel

Gebackene Zwetschgen

Zutaten für 30 Stück:
200 g Mehl · Salz
1/4 l dunkles Bier
1 Eßl. Öl
2 Eier, getrennt
30 Stück Dörrpflaumen oder frische Pflaumen
30 Stück geschälte Mandeln
2 Eßl. Kakaopulver
2 Eßl. Zucker
500 g Backfett

Spezialität aus Passau

Pro Stück etwa:
380 kJ/90 kcal
2 g Eiweiß · 5 g Fett
10 g Kohlenhydrate

- Zubereitungszeit: etwa 1 3/4 Stunden (davon 1 Stunde Ruhezeit)

1. Das Mehl mit 1 Prise Salz in eine Schüssel sieben. Mit dem Bier, dem Öl und den Eigelben zu einem zähflüssigen Teig verrühren.

2. Die Eiweiße steif schlagen und vorsichtig unterheben. Den Teig etwa 1 Stunde ruhen lassen.

3. Inzwischen die Pflaumen entkernen. Anstelle der Kerne die Mandeln einsetzen. Den Kakao und den Zucker sieben.

4. Das Backfett erhitzen. Die gefüllten Pflaumen einzeln durch den Backteig ziehen und in das heiße Fett legen. Von allen Seiten goldgelb ausbacken, über einem Sieb abtropfen lassen und in der Kakao-Zuckermischung wälzen.

Donauwellen

Dieser Kuchen ist so üppig, daß es völlig ausreicht, ein halbes Blech zu backen.

Zutaten für 1/2 Backblech:
450 g weiche Butter
350 g Zucker
5 Eier
400 g Mehl
1 Päckchen Backpulver
Saft von 1/2 Zitrone
1 Eßl. Rum nach Belieben
200 g entsteinte Sauerkischen aus dem Glas
4 Eßl. Kakaopulver
4 Eßl. Milch
1/2 l Milch
1 Päckchen Vanillepuddingpulver
200 g Schokoladenglasur
Für das Backblech: Fett

Für Gäste

Bei 10 Stück pro Stück etwa:
3500 kJ/830 kcal
11 g Eiweiß · 49 g Fett
85 g Kohlenhydrate

- Zubereitungszeit: etwa 1 1/2 Stunden

1. Den Backofen auf 200° vorheizen.

2. 300 g Butter, 300 g Zucker und die Eier schaumig schlagen. Das Mehl mit dem Backpulver nach und nach einrühren. Den Zitronensaft und den Rum untermischen.

3. Das Backblech üppig fetten und mit einem Alustreifen teilen. Die Hälfte des Teiges auf dem halben Blech verteilen. Die Sauerkirschen abtropfen lassen.

4. Das Kakaopulver und 4 Eßlöffel Milch verquirlen und unter den restlichen Teig rühren. Auf dem hellen Teig verteilen und glattstreichen.

5. Die Sauerkirschen auf den Teig streuen und leicht eindrücken. Den Kuchen im Backofen (Mitte; Umluft 180°, Gas Stufe 2 1/2–3) in etwa 35 Minuten backen.

6. Inzwischen von dem 1/2 l Milch 4 Eßlöffel abnehmen und mit dem Puddingpulver und dem restlichen Zucker glattrühren. Die restliche Milch zum Kochen bringen. Das Puddingpulver in die kochende Milch rühren und bei mittlerer Hitze aufkochen. Den Pudding von der Herdplatte ziehen und etwa 10 Minuten abkühlen lassen, dabei ab und zu umrühren. Die restliche Butter nach und nach unterrühren.

7. Den Kuchen aus dem Backofen nehmen und einige Minuten abkühlen lassen. Die Puddingcreme mit einem Schaber gleichmäßig auf dem Kuchen verstreichen und etwa 5 Minuten antrocknen lassen.

8. Die Schokoladenglasur in einer Schüssel über einem warmen Wasserbad flüssig rühren. Dünn auf der Puddingcreme verteilen. Zuletzt mit einer Gabel zusätzliche »Donauwellen« in wellenförmigen Bewegungen einritzen.

Im Bild vorne: Gebackene Zwetschgen
Im Bild hinten: Donauwellen

Zum Gebrauch
Damit Sie Rezepte mit bestimmten Zutaten noch schneller finden können, stehen in diesem Register zusätzlich auch beliebte Zutaten wie Kartoffeln oder Rindfleisch – ebenfalls alphabetisch geordnet und halbfett gedruckt – über den entsprechenden Rezepten.

IMPRESSUM

Umschlag-Vorderseite:
Das Rezept für den Schweinsbraten mit Biersauce finden Sie auf Seite 38.

2. Auflage 1994

Redaktion:
Adelheid Schmidt-Thomé
Layout: Ludwig Kaiser
Herstellung: Joachim W. Schmidt
Produktion: Ina Hochbach
Fotos: Odette Teubner, Dorothee Gödert, Robert Gigler (Seite 4, 8), Gerhard Schubert (Seite 5), Uli Franz (Seite 6, 7, 9)
Umschlaggestaltung:
Heinz Kraxenberger
Satz: Appl, Wemding
Reproduktion: ORD, Gronau
Druck und Bindung:
Grafedit, Bergamo
ISBN 3-7742-1530-8

Rosemarie Donhauser
ist im elterlichen Hotel- und Gastronomiebetrieb im Chiemgau aufgewachsen. Die Liebe zum Detail und das Bedürfnis, alles von der Pike auf zu erlernen, brachten ihr mehrere Ausbildungen, zum Beispiel als Köchin oder Hotelkauffrau. Außerdem arbeitete sie in zahlreichen Spitzenhotels und -küchen im In- und Ausland. 1988 gründete sie ihre Familie und lebt seither in Oberbayern. Sie setzt nun ihre fundierten Kenntnisse als Kochbuchautorin, Foodjournalistin und Restauranttesterin um.

Odette Teubner
wurde durch ihren Vater, den international bekannten Food-Fotografen Christian Teubner, ausgebildet. Heute arbeitet sie ausschließlich im Studio für Lebensmittelfotografie Teubner. In ihrer Freizeit ist sie begeisterte Kinderporträtistin – mit dem eigenen Sohn als Modell.

Dorothee Gödert
arbeitete nach ihrer Ausbildung zur Fotografin zunächst im Bereich Stil-Life und Interieurfotografie. Nach einem Aufenthalt in Princeton/USA spezialisierte sie sich auf Food-Fotografie. Sie war bei namhaften Food-Fotografen tätig. Seit April 1988 fotografiert sie im Fotostudio Teubner.